澤 康臣
Yasuomi Sawa

グローバル・ジャーナリズム

——国際スクープの舞台裏

岩波新書
1653

はじめに

外国からの生放送を実現するテレビ衛星中継の技術が、初めて日本で使われたのは一九六三年一一月二三日である。茨城県十王町のKDD（国際電信電話、現KDDI）基地局が受信し、NHKをはじめ各局を通じてアメリカの映像が日本中のテレビに映し出された。だが、それは予定外の内容だった。

「この電波に乗せて、まことに悲しむべきニュースをお送りしなければなりません」

毎日放送のニューヨーク駐在員、前田治郎の沈痛な声だった。基地局の技術者も放送局のディレクターも、視聴者たちも驚きに包まれた。

「アメリカ合衆国ケネディ大統領は、一一月二二日、日本時間二三日午前四時、テキサス州ダラス市において銃弾に撃たれ死亡しました」

太平洋を隔てた遠い外国の映像が、日本に一瞬にして伝わった日。NHKにはすさまじい反響があり、新しい報道の時代が始まったことを告げた。

この約五時間半前、ケネディが撃たれた現場から、ニュースの第一報を世界に発信したのはUPI通信記者のメリマン・スミスだった。スミスはライバルAP通信のジャック・ベル、ABCテレビのボブ・クラークと大統領同行の報道車に同乗しており、車載電話にいち早く手を伸ばして「ダラス市街で大統領の車列に三発の銃撃」という歴史的な速報を送る。だがスミスの「仕事」はそこで終わらなかった。電話機を抱え込み、APのベルに渡すことを拒否したのである。携帯電話などあるはずもない時代で、疾走する報道車から外部への通信手段はこの車載電話だけである。ベルは罵倒の限りを尽くし、「電話をよこせ」とスミスを殴りまくったが、全くひるまない。スミスが電話を明け渡したのは数分後、一行が近くの病院に到着し、車を降りるときだった。こうしてUPIは世界への速報を独占した。それができた時代だった。

それから半世紀。事件や事故の現場では、居合わせた市民が携帯電話で写真も動画も撮影し、無数の画像が高速のインターネットを通じて世界中を駆け巡る。誰もが言葉を発信し、情報と想いとを伝える。ニュースはどこかに留め置かれることなく、ひたすら同時に、瞬時に、大量に、多様に、時には無選別に駆け巡る。記者はといえば、吹き荒れる情報の嵐の中から真贋を見分け、価値と文脈をはかりながら真実に迫り、掘り下げ、深く分かりやすく伝えるプロフェッショナルであることが求められる。

電話やメールでのやりとりはまったく廉価になり、情報はデジタル化されて、紙なら数百万枚に上るデータさえ、受け渡しも保存もクリック数回で終わる。データだけではない。飛行機をはじめ運輸手段の進化により、人も物も金も国境を軽々と越え、ビジネスも欲望も、人の営為は地球規模になった。武器や薬物の国際取引が拡大し、汚職も詐欺も横領ももはや国境と関係なく、いやむしろ、ことさらに国境を越えた分かりにくい場所、露見しにくい形態を選んで実行される。その利益は再び国境を越え、資金洗浄される。

正体不明の匿名法人をタックスヘイブンに設立する人がいる。権力者や周辺者が身元を隠して動かす金がある。国際企業の収益を吸い上げる独裁者がいる。犯罪組織が発展途上国の政権幹部と癒着し、資源ビジネスの蜜を吸う。

そして、国境を越えたこんな問題を追い、暴露する記者たちがいる。

彼らもまた、取材を敢行するため、世界を駆けはじめた。属する国や組織の違いをものともせず越境する記者たちは、プロ同士の連帯を築く。情報を交換し、合同取材をし、記事を発表し、地球規模の調査報道、「グローバル・ジャーナリズム」を実現している。

でも、いったいどうやって。

その答えは、本書に出てくる約七〇人の記者やジャーナリズム関係者が教えてくれる。アジア、南北アメリカからヨーロッパ、アフリカに至るまで地球の全方位に散らばる記者たちが国際調査報道の実際を伝える、最前線からの声である。

第1章は、世界中から約四〇〇人が協力した「調査報道記者たちの「史上最大の作戦」」、タックスヘイブンの匿名法人の秘密を暴いた「パナマ文書」報道の舞台裏である。私自身パナマ文書報道に加わった共同通信特別報道室のメンバーで、プロジェクト参加記者としての視点も交えた。

第2章は「国境も会社も越えた記者連合」が各地で形作られ、新しい国際調査報道に取り組んでいる姿を紹介した。東ヨーロッパと中央アジアの境にあるアゼルバイジャン共和国では、大統領一家に巨利をもたらした不審な金脈を探るため、現地周辺の記者とスウェーデンメディアの記者たちがタッグを組んだ。アフリカ南部ではイタリアマフィアが政治家に浸透しながら盛んに投資を続け、富を蓄えた実態をイタリアとアフリカ各国の記者たちが協力して暴いた。

第3章は、「マックレイカーズ（肥やしをあさる野郎ども）」と呼ばれ、嫌われることをいとわず権力の不正に挑む調査報道記者の伝統と新風を紹介した。メディア産業が厳しい風にさらされるなかにあっても、アメリカやヨーロッパ、そしてアジアで非営利の調査報道組織をはじめ、新しいタイプの調査報道団体が勃興しているのである。

第4章は、記者の研修でも国際協力が広がり、国境を越えた交流が深まっていることを報告する。各国の調査報道記者たちはノウハウをお互いに教えあう国際会合を開き、知識や技術の向上に励んでいる。アメリカやフィリピン、ネパールで開かれた調査報道大会での講座で「秘伝」が明かされる現場をお伝えする。

第5章は、翻って日本のことである。各国の記者が裁判記録文書をはじめとする公的な公開書類を活かして調査報道を展開するのと比べ、日本の記者に立ちはだかる困難な壁の実情を報告するとともに、日本の記者が見いだす明るい希望の一端を紹介した。

技術の発達は世界を密接につなげ、情報はより豊富に流通していく。しかしそれが同時に、社会の細分化と人々の分断をも進めている。

「自分の住む地域、大学のキャンパス、祈りの場所、あるいは特にソーシャルメディアの書き込みでも、閉鎖的なグループにこもって安心する人が多すぎる。自分と同じような人、同じ政治観の人たちに囲まれ、考えを疑おうとしない。政治の党派色はより露骨に、経済や地域の格差は大きくなり、私たちのメディアは各自の好みに応じ細分化が進んでいる」

アメリカ初の黒人大統領、バラク・オバマは二〇一七年一月、退任を前にした最後の演説で訴えた。人々はネット上で似た考えの人とだけつながり、賛成できる情報ばかりを集め、「いいね」と言い合うなかで一日を終えるようになっていないか。それは真剣な討論を多様な人々が担う民主主義を害するのではないか。そんな訴えである。オバマは言った。

「閉鎖的なグループでいよいよ安心してしまい、受け入れるのは限られた情報だけ——本当か否かは関係ない、自分の意見に合う情報だけだ。根拠ある意見に基づくかどうかではなく」

「自分好みに切り取られた世界」で、意に沿う情報ばかりを選んで快適に過ごす私たちになってしまうのか。醜い現実、不快な情報、異なる意見を運び、受け止める人はいるのか。

だからこそ、ジャーナリズムの出番である。知らない世界の片隅から、思いもよらない、そして黙って見過ごせない深刻な問題を伝える調査報道記者たちは、読者を挑発し、議論と参加を促す。「本当か否か」にこだわり、直接取材と裏付け調査を徹底する。デジタル技術を大胆に取り入れ、地球規模の視野と国際的な協同作業を実現する。「グローバル・ジャーナリズム」の価値はますます高まっていくはずである。

私がインタビューした各国の調査報道記者たちは、権力や組織犯罪と対峙する勇敢な仕事ぶりとは裏腹に、誰もが謙虚で、時にははにかみ、時に表情を曇らせ、国際スクープの舞台裏を明かしてくれた。情報をつかんだきっかけ、取材の困難と苦悩、仲間への友情と感謝、そして報道の意義と喜びを、人間の素顔を見せて語ってくれた。

この本は、そんな記者たちの物語である。

＊本書で筆者が示した見解は全て個人的なもので、所属組織・団体とは一切関係ない。敬称は略した。肩書、年齢はすべて取材または執筆当時のものである。写真は特に断りのない限り著者撮影による。外国通貨の円換算は概数であり、便宜的に一ドル＝一〇〇円、一ユーロ＝一一〇円、一アイスランド・クローナ＝一円、一ウォン＝〇・一円とした。

目　次

本文中イラスト図＝前田茂実

第1章　世界の極秘情報を暴いた「パナマ文書」

「同時に一斉に報道することで、世界中にビッグウェーブを起こした。その目標があったから、皆が信頼関係を作り、秘密を守ることができた」

国際調査報道ジャーナリスト連合（ＩＣＩＪ）データ分析担当、マル・カブラ

1　匿名法人——その裏に政治家と犯罪組織が隠れていた

明かされない「真の所有者」

銀座、表参道、六本木、新宿……東京都心の一等地は華やかさにあふれ、どの季節、どの時間に訪れても楽しげな人の姿が途絶えることがない。人が行き交い、ビジネスが栄えるそんな街はまた、高い価値を持つ不動産の街でもあり、富裕層の資産運用の舞台となっている。少子高齢化と人口減少の時代でも、都心は常に人と金を呼び、進化を続ける。そうした地区の限られた高額な不動産を買うことができれば、長期的な値上がりと安定した賃貸料によって、ますます富むことになる。

これら一等地の地主たちはいかなる人たちなのか。彼らが集中して所在する街がいくつかある。

日本国内ではない。サモア独立国アピア、バハマ国ナッソー、英領バージン諸島トルトラ島ロードタウン、ケイマン諸島大ケイマン島のジョージタウンなどがその場所だ。

これらの地主は会社の形を取っている。英領バージン諸島トルトラ島ロードタウンに所在する企業は、銀座のホテルや飲食店が入るビルを持っている。同じトルトラ島ロードタウンの別の会社は六本木ヒルズに近接する高級マンションの最上階の全部屋を保有している。原宿の竹下通り裏、若者向けの店が入るビルの土地はサモアの首都アピアにある会社が地主だ。新宿では、ITバブル期の二〇〇〇年前後、ケイマン諸島のジョージタウンにある会社が不動産を次々に競売で落札していた。これらは日本の東京法務局で所管する不動産登記簿に明記されている。

そこに記されているケイマン諸島や英領バージン諸島の会社の住所は、どれも「私書箱」になっている。郵便が届けばよく、現実のオフィスはないというペーパー会社の可能性が高い。ケイマン諸島や英領バージン諸島というのは形式だけの住所で、実際にペーパー会社を作り、会社名義で高級不動産を買った人物はまた別の場所に住んでいるのだろう。その人物は日本人だろうか。アメリカ、それとも中国にいるのだろうか。だが、それを調べようと、例えば英領バージン諸島の公的登録情報に当たっても、徒労に終わる。同地の商業登記は開示情報に乏しく、株主はおろか役員さえも分からない。実際、問い合わせた私に対して同地の登記担当官は「登録対象となる情報ですが、非公開です」と答えるばかりである。

こんな「地主」に使われるケイマン諸島や英領バージン諸島、サモア、バハマなどはいずれもタックスヘイブン（租税回避地）として知られる。そこに設立された会社が儲けを出しても税金はゼロか、極端に少ない。

これを「税逃れのための場所」とみるだけでは不十分だ。既に各国政府は税の抜け穴を少しずつふさぎ、日本でもタックスヘイブン税制が整備されている。同時に、先進国で法人税率を下げるところも増えてきた。そのため先進国とタックスヘイブンとの税率の差は狭まっている。日本のタックスヘイブン税制がいう「税率が著しく低い」国の定義は法人税率二〇％以下だったが、二〇一五年四月、イギリスの法人税は二〇％にまで下げられた。これではイギリスがタックスヘイブン税制の対象になってしまうので、日本政府はタックスヘイブン税制の基準を「二〇％未満」に下げてそれを回避した。フィンランドの法人税も二〇％、スペインは二五％だ。日本も二〇一六年の改正で二九％台となった。こうなるとタックスヘイブンだけが異常な低税率の国だとも言いにくくなっている。

実際、タックスヘイブン問題でＯＥＣＤ（経済協力開発機構）が取り組みを強めているのは、むしろ税率の問題ではない。

「匿名性」である。

プライバシーが最優先され、会社の株主や役員が誰だか分からないよう秘密が保持される。

一般市民への公開はおろか、他の国の捜査当局からの問い合わせにも協力しない、などの問題だ。だから、誰が所有しているのか分からない「匿名法人」を簡単に作れる。タックスヘイブンの匿名性が高いペーパー会社であっても、合法に設立された会社に変わりはない。匿名法人の名義で東京の不動産を集中購入してもいい。匿名法人の名義でシンガポールに銀行口座を作り、巨額の金を保管することもできる。だが土地を買う契約書や銀行口座開設書類には、法人代表者の名前を書くから、外部に役員の名前が知られてしまうのではないか？　いや、そんな場合に備え、役員には名前だけの〝レンタル役員〟を就任させればいい。そういう名義貸しビジネスもタックスヘイブンには用意されている。

こうなると、銀行口座に巨額資金を流入させている匿名法人が、不正な蓄財を重ねた政治家であっても、犯罪組織やテロ組織であっても、銀行側も金融当局も知りようがない。有名企業が赤字を隠すため、タックスヘイブンの匿名法人に密かに損失を押しつければ、帳簿上は黒字に見せかける粉飾決算もでき、社会を欺ける。粉飾しなければ赤字だから税を払う必要はなかったのだが、粉飾して黒字決算を装えば、経営が順調なように見せかけられる代わりに、嘘の黒字に相当する税金を払う義務も背負う。この場合、タックスヘイブンを使ってまで余計な税金を払うことになる。「税逃れ」だけでは説明できない匿名法人のメリットが、タックスヘイブンにはある。

世界中のタックスヘイブンに作られた数多くの匿名法人を、密かに利用している者は誰なのか。それは現地政府の強固なプライバシー保持によって永久に守られる秘密のはずだった。だが、二〇一六年四月、事件が起きた。

世界各国の調査報道記者が作る「国際調査報道ジャーナリスト連合」(ＩＣＩＪ)が、タックスヘイブン法人の秘密文書を入手したと発表し、ＩＣＩＪに参加する世界各地の報道機関が一斉にその内容を報道し始めたのである。政府首脳やその周辺者、政治家、ビジネスエリート、著名企業、スポーツ選手、芸能人……タックスヘイブン匿名法人の「真の所有者」が全世界に公表された。

その秘密文書とは、タックスヘイブンで匿名法人の設立を代行するパナマの大手法律事務所「モサック・フォンセカ」から流出した、一一五〇万通に及ぶ内部資料だった。同事務所が関わった二一万社のタックスヘイブン法人の秘密情報が記載されたこの資料は「パナマ文書」と呼ばれることになる。

モサック・フォンセカと顧客、その代理人や関係企業がやりとりしたメール、ファクス、法人設立手続書類、株主名簿、役員名簿、手数料請求書、そして本人確認のためのパスポートのコピーもある。

プーチンの盟友

そこに「セルゲイ・ロルドゥギン」というロシア人の名があることをＩＣＩＪに参加する記者たちは見逃さなかった。ロルドゥギンはロシアのチェロ奏者である。だが、ただの音楽家ではない。ウラジーミル・プーチン大統領の少年時代からの友人であり、プーチンが大統領の職に就いてからも家族ぐるみの親しいつきあいを続けている盟友だった。

ロルドゥギンはタックスヘイブンの一つ、パナマに「インターナショナル・メディア・オーバーシーズ」という会社を設立し、この会社に年八〇〇〇万ドル（八億円）が流れ込む仕組みが作られていた。金の出所はヨーロッパの地中海の島国キプロスにあるロシア系銀行「ロシア商業銀行」。巨額の資金がキプロス→英領バージン諸島→パナマと目まぐるしく移動し、プーチンの盟友の会社に提供されていた。

まだある。ロシア商業銀行からの資金は英領バージン諸島を経てロシアのリゾート企業「オゾン」にも極めて有利な条件で貸し出された。このオゾンの共同所有者の一人がプーチンの別の盟友ユーリ・コバルチュック。「ロシア銀行」（本店サンクトペテルブルク市）の会長である。

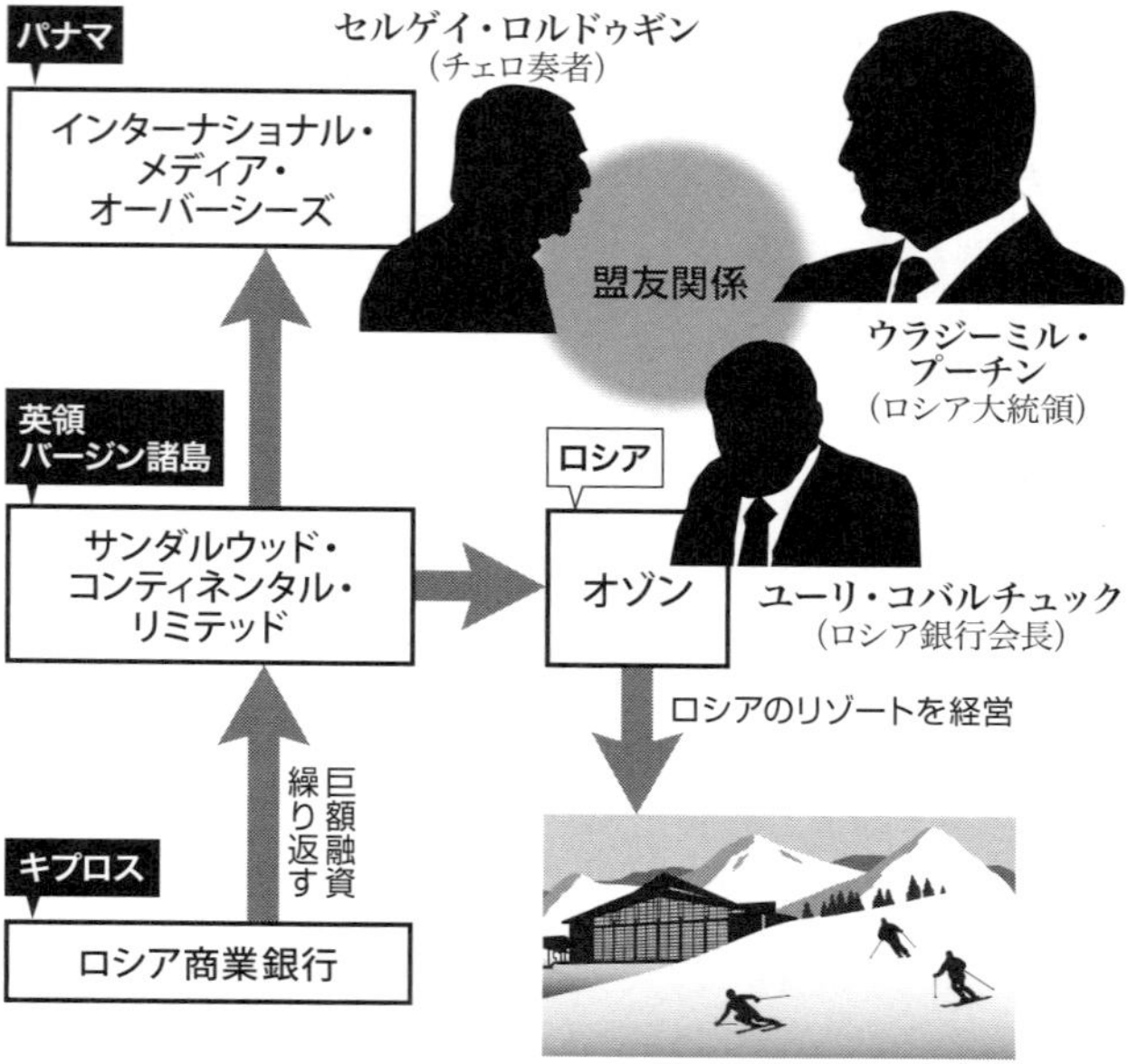

プーチン周辺者と資金の流れ

巨額資金の流れの中で、キプロスのロシア商業銀行は英領バージン諸島の会社「サンダルウッド・コンティネンタル・リミテッド」に数億ドル（数百億円）規模の巨額融資を繰り返している。融資とはいうものの、返済計画は作成されていない。専門家からは「経済活動としては全く理解不可能」と指摘を受けている。理解できるとすれば経済活動ではなく、汚職ということだろう。

それでもロシア商業銀行はＩＣＩＪの取材に対し「ロシア商

業銀行がロシア高官たちのいわゆる「財布代わり」だという憶測は全く根拠がなく、事実関係と一切合致していない」と主張するのである。

ＩＣＩＪの分析では、プーチンの周辺者たちがタックスヘイブンに設立した企業群を通過した金は二〇億ドル(二〇〇〇億円)にのぼる。

プーチンだけではない。パナマの法律事務所モサック・フォンセカから流出したパナマ文書からは、イギリスのデービッド・キャメロン首相の父親やアイスランドのシグムンドゥル・グンロイグソン首相夫妻、中国では習近平国家主席をはじめ中国共産党の現・元最高幹部八人の親族がこうしたタックスヘイブンに匿名性の高い法人を所有していたことが明らかになった。

そして、タックスヘイブンを活用していたのは、権力者に限らない。人目を避ける闇の制度に引き寄せられるのは、やはり闇の勢力である。

犯罪者たち

マルロリー・チャコン・ロッセルはグアテマラの女性実業家である。ホテルや建設業、高級衣服店などを経営し、政治家たちとの社交も活発だったことが地元メディアなどで報じられている。

だが二〇一二年、アメリカ財務省はチャコンを「中米で最大規模の薬物密輸を行う人物」と断じて経済制裁を科し、アメリカ国内資産を凍結した。彼女の裏の顔は「南の女王」と呼ばれ、メキシコで猛威をふるう薬物マフィア組織にコカインを卸す供給源だという。その密輸規模は一か月あたり数千キログラム。稼いだ金を月に数千万ドル（数十億円）単位で資金洗浄（マネーロンダリング）していたとアメリカ財務省は指摘している。

犯罪行為と資金洗浄は表裏一体だ。違法なビジネスの最終目的は金を儲けることではない。儲けた金を使って楽しい思いをすることだ。だから、いくら収益を上げてもその金を使えなければ意味がない。ところが、突然羽振りよく金を使い始め、豪邸などを建てているのに、どこで金を得ているのか理由がつかないとなれば当局の目につき、早晩内偵が始まって摘発される。

犯罪者は実名の銀行口座に巨額の入金をするような目立つ真似をしない。これは違法な金だと、銀行ひいては金融当局に自白するようなものである。彼らは自分とのつながりが分からない口座を用いる。そんな複数の口座で資金を行き来させ、合法ビジネスの金と混ぜ、金の流れを複雑にし、犯罪収益であることを露見しにくくする。これが、資金洗浄である。

タックスヘイブンの匿名法人は、こうした目的の銀行口座を作るのに好都合だ。パナマ文書には、グアテマラの「南の女王」チャコンもまた、二〇〇八年、タックスヘイブンのパナマに設立された「ブロッドウェイ・コマース」社の役員となっていたことが記録されている。同社の名義で、パナマの「バンビビエンダ銀行」、グアテマラの「レフォルマドル銀行」に口座が作られた。グアテマラの口座には〇九年一〇月の段階で一二〇〇万ドル（一二億円）が預金されていた。

ロシア在住ウクライナ人で「ボスの中のボス」とも「世界最凶のギャング」とも呼ばれるセミョン・モギレビッチの場合はもう少し複雑だ。モギレビッチは武器密輸、薬物密輸、殺人請負、売春、恐喝を国際的に繰り広げた疑いでアメリカ連邦捜査局（ＦＢＩ）が行方を追う男である。彼が関係するタックスヘイブンはバハマ。そこに作られた「トリニティ・フィルムズ」社の役員にモギレビッチ本人の名はない。彼の代理人弁護士アドリアン・チャーチワードと、その妻ガリーナ・グリゴリエバが役員になっている。グリゴリエバは、実はモギレビッチの元妻でもある。

アメリカ人もいた。こちらは詐欺事件の実行者である。ロバート・ミラクルという人物はインドネシアの石油やガス開発をするという触れ込みでいくつもの会社を設立し、インドネシア人多数にそこへの投資を持ちかけ、二〇〇四年から〇七年にかけて六五〇〇万ドル（六五億円）を集めた。そして、詐欺や脱税の罪でアメリカ・ワシントン州の裁判所から有罪判決を受けている。
ミラクルは捜査開始後の二〇〇八年、タックスヘイブンの英領バージン諸島に「ファイブエックス・トレーディング」という会社を設立している。この会社の株主に名を連ねているのはミラクルの共犯容疑で行方を追われているマレーシア人二人と、ミラクルの娘ベロニカである。ベロニカは当時高校を卒業したばかりの時期で、株主になったのが自分の意思によるものなのかどうか疑問も残るが、ＩＣＩＪの記事は「ベロニカ・ミラクルにコメントを求めたが返答はない」と実名で明記しており、取材には応じていないようだ。

投資詐欺には、タックスヘイブンが役立つ。匿名性を活かし、被害金の隠し場所に使うのである。ロバート・ミラクルのように、架空の「高い運用利息」をうたって客に投資を持ちかけ、金を集める古典的な投資詐欺は「ポンジー・スキーム」と呼ばれ、まともな資金運用はまず行われない。資金の主な使い道は私的な浪費と豪遊だが、金の一部を顧客に「高利で運用できた」と払い戻せば、偽の信用が高まり、さらに金が集まる。立派な事務所も小道具の一つだ。

だが、本当の投資はせず集めた金は自分で使っているから、いつか必ず破綻する。詐欺だったと露見し、主宰者は罪に問われるというパターンが繰り返されてきた。

タックスヘイブンの法人や口座が詐欺犯のために威力を発揮するのは、むしろその後だ。

だまして集めた金の一部をこっそりと秘匿しておけば、刑務所から出た後にその金を使って残りの人生を過ごすことが可能だ。匿名性が高く、他国当局への開示にも消極的なタックスヘイブンである。「集めた金をどこにやった」と追及されたら「ギャンブルで浪費した」とでも言えばいい。現金でのギャンブル支出は記録に乏しく、嘘だと証明することはほぼ不可能だ。

グアテマラの「南の女王」チャコン、ウクライナの「ボスの中のボス」モギレビッチ、アメリカの投資詐欺事件のミラクルらの、このような犯罪行為がパナマ文書自体に書いてあるわけではない。パナマ文書は法律事務所から流出した、法人登記関連資料でしかないから、基本的に「誰が法人の真の保有者か」ということしか書いていない。ＩＣＩＪの記者たちはこれらの「真の保有者」の実名や住所、生年月日などのデータと、公開されている裁判記録、法務当局が開示している犯罪記録、その他の公文書、過去のメディア報道などの公表資料を武器に、情報を一つ一つ照らし合わせていった。その結果、犯罪組織や犯罪者がタックスヘイブンの匿名法人を活発に利用していた具体例が浮かび上がってきたのである。その上で関係者に直接取材をして裏付けを取り、反論や説明を求めるべき相手にはその機会を提供した上で、事実として間違いがない部分を報道する。これが、調査報道である。

2　調査報道記者たちの「史上最大の作戦」

黒衣の告発者

「こんにちは。私はジョン・ドウ(匿名太郎)。データに興味はあるか?」

ドイツ・ミュンヘンに本社を置く欧州の有力紙、南ドイツ新聞のバスチャン・オーバーマイヤー記者に、インターネットを通じてこんな一文が飛び込んできたのは二〇一五年初めのことだった。何かの情報提供をしようというのだろう。記者に持ちかけられる「情報提供」の中には、現実には私怨に基づく大げさな中傷や、誰にも見えない妄想のたぐいであることさえも多いのだが、重要なタレコミ(密告や内部告発)かも知れない。記者なら誰でも「とりあえず聞いてみる」ものだ。バスチャンはすぐ返信した。

「とても興味があります」

この返事に対して匿名太郎は「いくつか条件がある」と言い出した。金か、それとも……。

「私の命が危ない。暗号化された通信でしかやりとりはしない。直接会うことは絶対だめだ」

メールやチャット(インターネットで短文をやりとりする通信ツール)は電話のような音声通話が

持つ、声の特徴、性別やアクセントの訛りという情報を含まない。通信に強い暗号化を施せば、万一傍受されたとしても中身を第三者に知られる恐れはまずない。匿名太郎はそうした仕組みのことを言っているのだ。

「どういう報道をするかはそちらに任せる」

私怨、中傷目的であればこうは言わない。匿名太郎の言葉が急に重みを増す。

「私はこれらの犯罪を表に出したいと思っているのだ」

いったい、データはどれぐらいあるのか。

「あなたが見たこともないような量だ」

バスチャン・オーバーマイヤー(撮影：澤田博之)

二・六テラバイト、一一五〇万通に上るパナマ文書を南ドイツ新聞が入手することになった、その始まりだった。

南ドイツ新聞はこのやりとりをこれ以上詳細には明らかにしていない。この、最初の接触自体がチャットだったのか、メールだったのか、携帯電話の通信アプリだったのかも秘密にしているし、この連絡が行われた日時すら、パナマ文書の報道が始まった「約一年前」としか明らかにしていない。いつ、どういう経路で連絡があったのかを特定すれば、その経路、例えばメールのサービス会社や携帯電話会社を捜査することによって、このやりとりと思しき電子通信を絞り込むことが可能になる。となると、それがどこから発せられたものか調べることも可能になり、匿名太郎の身元特定につながりかねない。秘密情報源を保護できなくなる危険がある。そういう理由からだ。

データ共有の危険な賭け

匿名太郎は何者なのか。南ドイツ新聞に対しては、身元を探らないことが情報提供の条件とされたため、バスチャンたちも実は知らない。これはジャーナリズムの世界では非常に例外的なことだ。匿名情報源自体は常に存在し、例えばニューヨーク・タイムズの紙面を開けば毎日のように「アメリカ国務省高官は匿名を条件に……と明かした」というリークが記事を飾る。しかし、この場合でも記者は相手の名前を知っているし、メディアによっては内部規定により、編集幹部も「匿名の国務省高官」が誰であるかを知らなければ記事にできないところも多い。匿名で報じられれば、コメントをした人が嘘や大げさな情報を話していても、あるいは記者が架空の人物を作っても、誰のことか分からないだけに嘘だと断定できる人はなかなかおらず、露見しにくい。虚報につながったり、情報操作に使われたりする危険があるためだ。

匿名太郎が悪意の人物であれば、南ドイツ新聞は偽データをつかまされる危険がある。同紙にとって救いだったのは、モサック・フォンセカの同種データを、ごく一部とはいえドイツ当局が入手していたことだ。脱税捜査の一環として、当局がある人物から買い取ったのだが、取材の過程でそれらと照らし合わせたところ、全く矛盾がないことが判明した。でっち上げデータであればこうはいかない。さらに、南ドイツ新聞の独自取材により、匿名太郎が提供したデータに出てくる人物や企業の情報を開示可能な公共情報とも照合したところ、やはりぴたりと合う。データは「本物」なのだ。

フレデリク・オーバーマイヤー（撮影：澤田博之）

南ドイツ新聞で、バスチャンとともに調査報道を担当する記者のフレデリク・オーバーマイヤーは「危険なデータだ」と思った。各国の有力者や関係者、さらに犯罪者が密かに設立した匿名法人が記されているデータだ。ロシアや中国の政府はメディアへの抑圧で知られ、体制を脅かす者には暴力も辞さないだろう。他の国の犯罪集団も関わっている。世界規模のデータを分析し、危険な人物たちを相手に報道するため、南ドイツ新聞が連絡を取ったのが、国際調査報道ジャーナリスト連合（ＩＣＩＪ）だった。ＩＣＩＪにデータを渡し、ＩＣＩＪの調査報道プロジェクトとして展開することを提案したのだ。

ＩＣＩＪという新聞社やテレビ局があるわけではない。ＩＣＩＪ内部にも記者は何人かいるが、主な実働部隊は世界各国のメディアに所属する記者たちだ。彼らが取材し、成果をＩＣＩＪのウェブサイトに記事として載せ、同時にそれぞれの記者が所属する報道機関も一斉に報じる。これがＩＣＩＪの調査報道プロジェクトだ。

これまでにもＩＣＩＪにはタックスヘイブンに関する国際共同報道の実績があった。二〇一三年、世界各地のタックスヘイブン匿名法人の設立者を暴露した「オフショア・リークス」、二〇一四年の「ルクセンブルク・リークス」、二〇一五年の「スイス・リークス」だ。これらに南ドイツ新聞も参加している。例えばスイス・リークスはフランスの新聞ル・モンドが入手した、スイスの銀行に関する秘密資料の報道だ。そのとき南ドイツ新聞は、ル・モンドが入手した資料文書の共有にあずかった。今度は南ドイツ新聞が「恩返し」をする好機ともいえる。

ＩＣＩＪの決まりで、参加する報道機関が記事を出すときには「南ドイツ新聞が入手し、ＩＣ

ＩＪを通じて共有した資料によると」などと資料提供社に触れることが求められているから、新聞社の宣伝としても悪くない。

とはいえ、希有な特ダネ資料である。

「何でこんなお宝をよその者に渡すんだ」とフレデリクに食ってかかる記者もおり、社内に反対意見もあった。決め手になったのはボルフガング・クラッハ編集局長の決断だった。

フレデリクは「彼はもともと調査報道記者で、こうした問題に非常に理解があった。ＩＣＩＪに提供し、皆で共有して取材を進めるのが一番良いとすぐに判断してくれた」と振り返る。

ＩＣＩＪの面々は厖大な量のデータに腰を抜かした。既に数年間にわたり、タックスヘイブンのプロジェクトを続けてきたＩＣＩＪである。事務局長でオーストラリアの調査報道記者のジェラード・ライルは「そろそろ一息入れたい」という気分を見せていた。

だが、南ドイツ新聞からのデータの量と中身を見たライルは、副事務局長でアルゼンチンの調査報道記者、マリナ・ウォーカーゲバラに「おい、もう一丁いけるぞ」と目を輝かせた。

南ドイツ新聞とＩＣＩＪは極秘の呼び掛けを発信し、世界の有力メディアが静かに集まり始めた。イギリスの公共放送ＢＢＣや高級紙ガーディアン、フランスのル・モンド。アメリカのマイアミ・ヘラルドなど各地有力紙を擁する新聞グループのマクラッチーも名を連ね、中南米、アジア、アフリカの報道機関も加わった。日本からは共同通信と朝日新聞が（後にＮＨＫも）加わり、約八〇か国の一〇〇を超えるメディア、四〇〇人近い記者が集まった。

権力者や犯罪者を向こうに回しての取材、報道となる。抑圧的な政府のもとにいる記者だけでなく、四〇〇人の記者全員、油断は許されない。どの国からであれ「モサック・フォンセカの資料が流出し、各国政治家の名前が見つかった」という情報が漏れれば、権力者を直ちに刺激し、プロジェクト潰しの引き金を引く。それが国際的な調査報道プロジェクトの難しさなのだ。

誰にも言えない

南ドイツ新聞は厳重な秘密管理体制をとった。この報道計画を知っている者は、クラッハ編集局長、匿名太郎との極秘連絡を続けているバスチャン、同僚として担当に加わったフレデリクに加え、データ分析やデジタル処理の担当者らごく少人数に限定された。ひっそりと設けられたデータ保管室には強力な施錠装置がつけられ、担当者以外の入室は禁じられた。清掃員も、警備員すらもである。一万七〇〇〇ユーロ（一八七万円）をかけて特注したコンピューターには前代未聞のデータを処理する強力な演算装置が搭載され、インターネットをはじめ一切のネットワークから遮断された。ハッキングやウィルス感染、誤操作による情報流出を防ぐためだ。バスチャンとフレデリクは来る日も来る日も、厖大なデータの読み込みと分析に追われ、ほかの取材をする余裕はない。署名が紙面を飾らないことは、記者にとって非常につらいことだったと、フレデリクは振り返る。

「この年つまり二〇一五年、記事は五本しか書いていなかった。何もしていないに等しい。同僚はいろいろ書いているのに」

本当のことを言うわけにいかないフレデリクは、苦し紛れに言い訳を編み出した。

「今度引退する例のベテランいるだろう？　彼は長きにわたって数多くの不正を暴いてきた。彼が集めた資料を保存するため、そのデジタル処理をする担当になった」

聞かされた友人はみんな「ああ、そう……」と言って、それ以上は触れないようにしてくれた。本当はもっとエキサイティングなことに取り組んでいることは、今は黙っておくしかない。

世捨て人

アイスランドで調査報道一筋に一五年間過ごしてきたテレビ記者ヨハネス・クリスチャンソンに、ＩＣＩＪから「相談があるから電話会議に出てくれ」と依頼が入ったのは、二〇一五年五月だった。

「その日の電話会議の時間は午後二時だったが、前の仕事が遅れて家に着くのが間に合わない。それでガソリンスタンドのそばに車を停め、携帯をスカイプ（インターネット無料通話・通信サービス。多人数の電話会議もできる）につないだ。電話会議が始まり、ＩＣＩＪから「こんなデータを入手した、そしてアイスランドの首相らしい名前がある」と聞いたその瞬間――そのときのことは写真のように覚えている。私は車の中で話してる。そこから、ガソリンスタンドの洗車場が見えた。男がそこに入っていった……そんな風景を見ていたことを、鮮明に覚えてるんだ」

アイスランドは北欧の小さな島国である。人口は三三万人だから、国全体で滋賀県大津市や福島県郡山市と同程度の数の人が住んでいることになる。そのおよそ半分、一五万人が首都レイキャビクで暮らす。

「この小さな国で首相の調査取材を始めれば、あっという間に噂が広まる」とクリスチャンソン。彼自身、調査報道記者として国内のテレビに何度も出演し、よく知られた身でもある。全てを極秘裡に進めなければ、噂が噂を呼んでしまう。たまたま国営放送ＲÚＶの番組との契約が終了し、仕事が全くなくなったところだった。真相を誰にも告げないまま、メディア関係者との連絡を一切絶ち、データの読み込みと分析に取り組むことに決めた。

レイキャビク中心部から車で一五分ほど走った丘の中腹、団地のような集合住宅の一室がクリスチャンソンの自宅だ。ここがパナマ文書分析の「秘密基地」になった。クリスチャンソンは壁に資料を貼り、覗かれないよう窓を黒いビニールで覆った。薄暗い部屋で、孤独な作業が続く。クリスチャンソンの収入は途絶え、生活は世捨て人の様相を呈した。

孤独な闘いをお金の面で支えるのは妻ブリーニャ・ギスラドッティルで、自宅で経理の仕事をして三人の子どもを育てているが、生活費には到底足りず、一一月には貯金が底を突いた。このままでは二〇一五年のクリスマスはプレゼントどころか、一文無しで迎えることになってしまう。年末が支払期限のローンもある。ブリーニャが「もうやめて」と言い出すこともあった。それでも二人で話し合うと、不安よりも「これをやり抜こう」という結論になるのだった。成功する保証はない。成功したとしても、首相ら政治家のスキャンダルを暴くことで逆に報復を招く恐れもある。北極圏までわずか二五〇キロメー

ヨハネス・クリスチャンソン（撮影：澤田博之）

トル、レイキャビクの冬は暗く、一日二〇時間もが夜となる。小さな家族は不安と希望が交錯する嵐の中にいた。

クリスチャンソン一家のクリスマスを救ったのは、薬物やアルコール依存症の人たちの社会復帰を支援する地元NGO(非政府組織)の雑誌編集のアルバイトで得た、三〇万アイスランド・クローナ(三〇万円)だった。

クリスチャンソンはその五年前、一七歳の娘シッサを薬物濫用で失っている。薬物常習者のグループと何年も関わっていたシッサの死に、警察は冷淡だった。自分で注射するはずがない右腕にまで注射痕があったのに、誰かが刑事責任を問われることもない。納得がいかなかったクリスチャンソンは、自ら取材に乗り出した。調べ回った結果、シッサの死の直前、交際相手で二九歳の薬物常習者の男がシッサに注射をしたという証言が、仲間の携帯電話の留守番電話に記録されていたことをつかんだ。「音声は入れ違いで電話会社に消去されてしまい、娘の彼氏を起訴するには不十分だったが、検察は事情に理解を示してくれた。それで十分だ」とクリスチャンソンは言う。

取材結果はシッサの青春と薬物、悲劇的な死のドキュメンタリーとしてテレビで報じられた。「彼女はアイスランドで最も有名な少女になった」。そして、皆がいたわってくれる——クリスチャンソンは少し遠くを見ながら話す。そんな調査報道記者なのである。

ダミー・ジャーナリスト

クリスマスを乗り切ったクリスチャンソンのもとには、ＩＣＩＪと参加記者がそれぞれの報道記事を準備するため「文書に出てくるこのアイスランド人の素性を知りたい」「アイスランド企業らしいが、どんな会社なのか」という問い合わせが増えてくる。アイスランドの法律や制度についても質問が続く。一人で世界中の仲間たちへの回答をこなしながら、クリスチャンソンは自分自身の「勝負」も近づいていることを感じていた。

グンロイグソン首相への直撃インタビューをしなければならない。当事者の反応と言い分を聞かずして、首相の疑惑を報じることはあり得ない。

パナマ文書から、首相と妻のアナ・パルスドッティルがタックスヘイブンの英領バージン諸島に「ウィントリス」という会社を設立し、ウィントリス社は一時数億円相当の価値がある資産を保有していたことが分かっている。これらは首相の資産公開の対象になるのだが、グンロイグソン首相は公表していなかった。タックスヘイブンの匿名法人を使って多額の資産の公開を免れ、国民の目から隠した疑いがある。

グンロイグソン首相の場合は単なる資産隠しでは済まない事情がある。首相が隠した資産は、もともと同国の主要銀行三行の債券だった。期間満了後に三行から利息とともに払い戻しを受けるはずが、三行とも二〇〇八年の世界経済危機で経営破綻する。混乱の中、アイスランドの三銀行は外国投資家に金を払い戻すべきかどうかで関係国と対立した。その時期に外国投資家からアイスランドを守るため闘う姿勢を取り、それで人気を得て首相になったのがグンロイグソンだった。そのグンロイグソンが、密かに英領バージン諸島のウィントリス社を通じて銀行の債券を持っていたのだから、グンロイグソン自身もまた、銀行の外国投資家そのものということになる。外国投資家と闘うはずだった首相が、である。実際にこのことが首相の政治判断、特にアイスランドの三銀行の破綻処理策に影響を与えたかどうかははっきりしない。だがこうした事情を伏せていたことはいかにも不自然でアンフェアであり、国民から見れば大きな問題を隠していたということになる。

このことを聞きたい、と正面からインタビューを申し込むか。調査報道記者クリスチャンソンからすれば、自殺行為だ。「そんなことをすれば、首相と広報官に嘘の言い訳をでっち上げて正当化する時間を与える」。一発勝負に勝てる作戦を練り上げなければならない。

そこでICIJのパナマ文書報道に参加するメディアの一つ、近隣国スウェーデンの公共放送ＳＶＴが一肌脱ぐことになった。同局が「アイスランドの経済危機からの脱出」について首相インタビューをするという表向きの理由をこしらえ、首相の単独取材を取り付けた。インタビューするのはＳＶＴの記者スベン・ベリマン。クリスチャンソンは「アシスタント」だ。

これは一種の罠である。公人中の公人に対して真実を言わせるためにやむを得ず仕掛けるとはいえ、嘘をついて取材を申し込むことが物議を醸す恐れもあることは、ＩＣＩＪとも話し合った。結論は「倫理的には何ら問題がない」。

イギリスやアメリカの報道倫理をめぐる議論で、最も重視されていると感じるのは「報道される側」への責務ではなく、「市民、すなわち読者や視聴者」に対する責務である。市民に良い情報、歴史に記録すべき内容を十分に提供しているか、公正で誤りのない内容を知らせているかの問題だ。報道された側が困るかどうかも重要だが、第一優先の義務ではなくバランスの問題ということになる。首相のような公人の場合はなおさらだ。市民への倫理というなら、むしろ首相側に取材意図を正直に伝え、事実ではない返答を準備させてしまうと、市民にその嘘を伝える羽目に陥り、倫理にもとるという考え方もできる。

インタビューでは、まずクリスチャンソンは後ろに控え、建前通りベリマンが経済について質問を始めることにした。ベリマンは途中で話題を切り替え、問題のタックスヘイブン法人ウイントリスについて切り込む。この核心的質問に首相が何にせよ答えたとき――「それが俺にとっての「キュー」だと決めた」とクリスチャンソン。キュー、つまりテレビカメラの前で動きを始める合図だ。その瞬間、クリスチャンソンは控えていた仮の姿を捨てて取材者となり、聞きたかった質問をぶつける。

インタビューの日程は二〇一六年三月一一日。作戦は決まった。

3 「今日から暗号化キーを持て」

秘密のウェブサイト

パナマ文書の分析取材をするICIJの記者一人一人の手元に二・六テラバイトの文書全てがあるわけではない。一一五〇万通を各自で取り扱うのは量が多すぎて困難だし、世界中に拡散することになり、うっかりミスや盗難、データハッキング、ウィルス感染などから文書が漏洩するリスクを伴う。

文書そのものはICIJが管理するコンピューターに厳重保管されている。記者は各自のパソコンからインターネットを通じて接続し、文書を読む。記者から見れば「入手」というより

「アクセス」である。

このウェブサイトの中に置かれたパナマ文書は、ＩＣＩＪ事務局の技術担当者によってデジタル処理されている。匿名太郎が南ドイツ新聞に送ってきた厖大で未整理の文書データに、独自の分類を施した。ニュース価値のある内容を掘り当てるため、自前の検索機能も備えた。古い年代の資料はファクスなど紙の文書をスキャナーで読み取った画像データだったから、これも検索可能な形態に変換する。すなわち画像の文字をコンピューターが読み取って文字認識処理を行うわけである。こうすれば全てのデータを、例えば「ＪＡＰＡＮ」というキーワードで検索できる。日本人や日本企業に関係する文書なら、どこかに関係者住所として「ＪＡＰＡＮ」の文字列を含むのが普通だ。ただ、日本関連であっても、日本企業の海外現地法人やその関係者だけが法人を設立する形を取れば、「ＪＡＰＡＮ」の住所を全く使わない可能性もある。

日本から参加した共同通信や朝日新聞（後にＮＨＫも参加）は、プロジェクトの日本担当で日本語も堪能な二人のイタリア人記者、シッラ・アレッチとアレッシア・チェラントラとともに大量のデータ分析に取り組んだ。例えば英領バージン諸島に設立された「ＥＸムーア・ドナーズ」という会社にはイイダ・マコトという人物が株主として記載され、東京都世田谷区の住所が登録されている。この住所は、日本の警備保障大手「セコム」の創業者として知られる飯田亮《まこと》の住所と一致する。パナマ文書中の数百枚の英語書類を熟読すると、そこに込み入った仕組みが書かれていた。セコムの二人の創業者である飯田と戸田壽一《じゅいち》がいずれも租税回避地に多数の法人を設立していたこと、これらの法人はセコム株を保有する会社の親会社になったり、その会社の更なる親会社になったりと、多重の構造で相互につながっていたことだ。この構造と関係するセコム株は一九九〇年代段階で計七〇〇億円分の価値を有していた。

これらは文書の分析だけでなく、関係者を取材したことによって裏付けが得られた。多数の法人による複雑な構造が持つ意味や背景も、専門家による解説を得た。セコムにも問い合わせ、同社の「日本の税務当局から求められた必要な情報を随時開示し、租税回避の事実はない。法律専門家から税務を含む適法性についての意見を得ており何ら問題はないものと理解している」との見解も取材した。

一方、インターネット上の「まとめサイト」や、ツイッターやフェイスブックなどソーシャルメディアでは、「日本のマスコミが報じないパナマ文書の日本企業・関係者リスト」が盛んに流通している。そこにある企業名や個人名の多くは、①そもそもパナマ文書に記載がない、全くの誤り。おそらく別のデータベースとの混同、②確かにそうした企業名があり、例えば「スミトモ」や「デンツウ」など日本企業らしい名前だが、取材すれば株主、役員、所在地などいずれも住友グループとも電通とも関係がないことが分かるもの。外国人が勝手に日本の有名企業の名前を拝借しただけとみられる、③確かに日本の高級官僚など有力者と同じ読みの名前があるが、取材した結果、当人とは生年月日も住所も違い、ローマ字表記が同姓同名だというだけの別人、④実際にパナマ文書にある日本企業だが、パナマに船を登録するためなどいわば「本業」が目的で、ニュース価値が感じられない——というケースである。ネット上にこうした「マスコミが報じないリスト」を発表した人は実際の確認取材をしていないため、勘違いをしてしまったと思われる。

メール厳禁

ＩＣＩＪが管理するパナマ文書にインターネットを使ってアクセスするには、何重ものパスワードを用いなければならない。そのパスワードを入力する画面自体も、通常は発見できないようになっている。不正アクセスが、極度に高いハッキング技術によって可能なのかどうか、それすら定かではない。

ただ、ハッキングより簡単なのは記者を脅したり籠絡したりして目の前でログインさせることだ。情報入手には人間という弱い標的《ソフト・ターゲット》を狙うのが早いと言われるゆえんはそこにある。それでも「プロジェクトが進行中」との情報が漏れていなければ、狙われるきっかけがない。結局、仲間の記者とプロジェクトを守るには、一人一人が情報を漏らさない基礎的な心がけが最も重要なのである。

ＩＣＩＪは参加する全ての記者に「通常のメールで、プロジェクトについて記述してはならない」と厳命している。通常の電子メールが傍受される可能性があることは、アメリカの中央情報局(ＣＩＡ)元職員エドワード・スノーデンの二〇一三年の告発で常識化した。ウィルス感染や不正アクセスでメールが流出する危険もある。記者が会社のメールアドレスを使っている場合には、人事管理や法令遵守の権限を持つ担当者が中身を読む可能性がある。その担当者が、自分が聞かされたこともないＩＣＩＪプロジェクトに好意的である保証は全くない。

そこで、メールでプロジェクトについてのやりとりをする場合は、ＰＧＰという暗号化ツールを用いることが義務づけられた。メールの文章は乱数のようなものになり、傍受しても意味が分からない。普通の文に復元できるのは、解読に使うキーファイルを持つ相手だけである。一九九〇年代初めに開発された技術だが、各国当局にも破ることは困難と考えられており、幅広く用いられる。例えば、国連人権理事会に所属して各国の報道の自由や、デモなど政治意思表明の権利について調べる「表現の自由に関する特別報告者」のデービッド・ケイは、各地からの情報提供を受ける際にこのＰＧＰでやりとりが可能なようにしている。ケイとの連絡が露見し、さらなる弾圧を受けることを防ぐためだ。

私自身もパナマ文書のプロジェクトメンバーとして、参加に際しＰＧＰを使うための二種類一組の「暗号化キー」を持つよう命じられた。

城壁の中のおしゃべり

もう一つの通信手段が、やはりインターネット上に特設されたウェブサイト「グローバル・アイハブ」だ。ソーシャルメディアのフェイスブックやリンクトインのように、電子掲示板や会議室を備え、文書や画像ファイルのアップロードもできるし、メッセージ機能を使ってメンバー内限定のメールも出せる。

会議室では多数の「グループ」が作られ、それぞれ「ロシア」「中国」「アメリカ」「ラテンアメリカ」「ＦＩＦＡ（国際サッカー連盟）」「関係する銀行」などの調査対象について、参加記者が話し合う。取材方針を決めたり、取材の成果を報告したりするのだ。掲示板では、取材に当たっての注意事項が発表されたり、ＩＣＩＪから全員へのお知らせが記されたりする。メンバーの安全に関する注意も呼びかけられるし、プロジェクトの秘密を保つための遵守項目も繰り返し発表された。例えば、パナマ文書に出てくる人物への直接取材の制限である。資料を基に調査を尽くすだけではなく、当人に直接説明を求めなければならない。アイスランドのグンロイグソン首相に調査報道記者クリスチャンソンが計画しているのもそれである。

だが直接取材は同時に、取材対象者に「取材対象になっている」ことを教えることでもある。それは多くの場合、後の取材に大きく影響する。取材対象は防御を固めようと、関係者に口裏合わせや口止めをするだろう。特に、パナマの法律事務所モサック・フォンセカの資料が大規模に流出しているという核心部分を悟られた場合、モサック・フォンセカにも通報されることが考えられる。モサック・フォンセカは直ちに全顧客に注意を促すだろう。顧客の中には、政府を動かして記者の活動を制限しようとする者がいる恐れもあるし、犯罪組織が暴力や脅しを用いて取材を妨害するかも知れない。

こうした危険は、パナマ文書の取材に限らず、どんな調査報道にもいえる。調べて分かった事実関係を本人に直接質問し、説明を求めることを、記者の用語で「当てる」という。「本人に当てたら、全部認めた」「当てたら、取材が迫っていることを既に察知していたらしく、回答が用意されていた」といった具合である。これは取材の最終段階に行うことが多い。それまでは、当事者に通じる恐れのない別の関係者に接触したり、公開されている公文書や資料を用いて調べたり、専門家の説明を聞いたりするなど、「外堀」を埋める。

だからパナマ文書プロジェクトでも、取材でどこまで踏み込んでよいか、いつになれば「当てる」のか、などは入念に定められた。四〇〇人が守らなければならない。誰かが誤って「モサック・フォンセカ」の名を当事者の前で口にすると、プロジェクト全体が危機に瀕する恐れもある。

同時に、記者として仲間同士のウェブサイトである。くだけたやりとりも多々あった。取材ルールや遵守事項についての説明に対して「了解《ラジャー》！」と返したり、どこかの記者から取材結果報告があれば「ありがとう！　すばらしい！」と励ましたりすることもまた、恒例だった。そうするうちに準備は大詰めを迎え、いよいよ核心部分を当事者に「当て」て説明を求める取材にゴーサインが出る。重要人物に質問状を送った記者からの報告の冒頭は「ジャジャーン！返事が来ました！」だったりもする。

報道開始はアメリカ東部時間四月三日午後二時（日本時間四日午前三時）と決まった。掲示板には「解禁時間厳守」と書かれた予定稿が続々とアップロードされてくる。

4　辞めた首相、怒った大統領、立ち上がった市民

ニュース速報が止まらない

手元のアイフォンから、ＢＢＣとガーディアンの速報が鳴った。パソコンをのぞけば、ニュース速報が続き「タックスヘイブン」「プーチン」「ＩＣＩＪ」などの言葉が飛び交い始めた。日本時間二〇一六年四月四日。日本の共同通信も午前三時きっかりに報道を解禁し、朝日新聞のウェブサイトにも同時刻、第一報が立ち上がった。

英語圏を中心にツイッターでは早くも話題が沸騰し、ＩＣＩＪのパナマ文書報道プロジェクトに関わっていない、例えばアメリカＣＮＮも「ＢＢＣによると……」などと参加メディアを引用しながら速報合戦に加わっている。世界の一〇〇を超える報道機関が、一斉に報道を開始するＩＣＩＪの計画は当たった。一つ一つのメディアが個別に報道すれば、たとえＢＢＣのような大メディアでも、衝撃力には限界がある。各地の多様なメディアを結んだＩＣＩＪのネットワークが突然堰を切ったように報道を始めたことで、ニュースが巨大な衝撃波となって世界を揺るがしている。「同時に一斉に報道することで、世界中にビッグウェーブを起こした」と

表現したのは、ＩＣＩＪのデータ分析担当、マル・カブラである。「その目標があったから、皆が信頼関係を作り、秘密を守ることができた」と言う。

この一斉報道まで、情報は全く漏れなかった。プロジェクトに参加した一人、イギリス高級紙ガーディアン記者のルーク・ハーディングは同国のメディア情報誌プレス・ガゼットのインタビューに対して、「正直に言えば、秘密が守られたことは驚きだった」と本音を打ち明けている。ハーディングは内部告発サイトの「ウィキリークス」が入手したアメリカの秘密外交公電を一斉暴露した二〇一〇年の報道や、ＣＩＡ元職員エドワード・スノーデンがアメリカ政府の個人情報収集を暴露証言した一三年の報道を担った敏腕記者だ。モスクワ特派員時代には政権の問題点を暴いて不興を買い、ロシア政府から実質的な国外退去処分を受けている。パナマ文書にプーチンがらみの話が出てくることは因縁というほかなく、プロジェクトには強い思い入れがあるはずだ。その彼にしても、皆が秘密を守りきったことは「驚き」なのである。記者は他人に秘密を漏洩《リーク》させるのが仕事で、調査報道記者と名乗る者はことさらその説得に情熱を燃やしているから、誰もが心のどこかで「情報は漏れるもの」と思っていてもおかしくない。

実際にはピンチもあった。このプロジェクトを統括したＩＣＩＪの副事務局長、マリナ・ウォーカーゲバラに聞くと「大きな危機ではないけれど……参加している記者に「ちょっと待っ

マリナ・ウォーカーゲバラ

て、今は待つべきときだ」と話さなければならない場面があった」。記者が秘密を漏洩するというより、設定した報道解禁を待ち切れない気持ちになったときもあったというのだ。

「例えばアルゼンチンの選挙のときなんかがそうだった」。二〇一五年、アルゼンチンでは大統領選が行われた。貧困対策を重視した中道左派のフェルナンデス政権に代わって、財政再建と腐敗一掃を期待された中道右派マウリシオ・マクリが接戦に勝ち、国中が議論に沸いた。そんな中でパナマ文書を調べていた、有力紙クラリンやナシオンなどのアルゼンチン・チームは、タックスヘイブンのバハマの会社「フレッグ・トレーディング」に注目する。一九九八年から二〇〇九年まで存在したこの会社の役員に、マクリと父や兄弟の名があったのだ。このことが見つかったのはマクリが大統領に就任する二日前のことだ。絶好の報道タイミングである。翌年春の報道解禁を待つことは苦痛この上ない。だがここでアルゼンチンのことを報道すれば、パナマ文書そのものの存在を明らかにしなければならず、アルゼンチン以外全部の報道を駄目にしてしまう。到底できない相談だった。

もっと深刻だったのは、報道解禁直前の時期である。取材の最終段階、参加記者たちは各国で、極秘裡に調査を進めてきた対象の政治家、有力者、著名人らに一斉に接触して「当て」始め、事実確認と事情の説明を求めていた。その結果、予想外の反応も出ていた。アイスランドでは、グンロイグソン首相の妻アナ・パルスドッティルが自身のフェイスブックに釈明を書き込んだのだ。事情を知らない人々には唐突そのもので、何かがあるらしいと地元で話題が広り始める。

ロシア大統領府の反応は攻撃的だった。記者会見（電話会議方式）の場で、ＩＣＩＪの記者から質問を受けたことを先回りして暴露したのである。その中でドミトリー・ペスコフ報道官は、ＩＣＩＪがプーチンの盟友でチェロ奏者のロルドゥギンや、ロシア銀行会長のコバルチュック、そしてタックスヘイブンについて見解を求めてきたことも「逆暴露」した。そしてＩＣＩＪの取材を「情報攻撃」と非難した上で「我が大統領の名誉と尊厳を守るため、国内外のあらゆる法的手段で反撃する準備ができている」と牽制した。

ＩＣＩＪがタックスヘイブンとプーチンの関係にまつわる報道を準備していることは誰の目にも明らかになった。そしてロシア政府は親政府メディアをいくつも持っている。政府機関の情報力に物を言わせ、パナマ文書の中身を無理矢理入手し、先に報道させてしまうのではないか。「タックスヘイブンは合法であり、大した問題ではなく、プーチン本人による直接の関わりはない」などと強調する擁護報道が先行すれば、ICIJがプーチンの盟友たちとタックスヘイブンのことを詳細に報じても、針小棒大なキャンペーンと思われるかも知れない。だいたい、一年かけて苦労した取材なのに、最後の最後でとんびに油揚げをさらわれるようなことになったら耐えられない。「報道解禁を前倒しに」という声が出るのは自然なことだった。

ここで踏ん張ったのがICIJ事務局長のライルである。副事務局長のウォーカーゲバラに言わせると「突撃しようと気がはやる兵士たちを、将軍が両手を広げて必死に止めているような状態」だった。「まあ待て、奴らがやってることは揺さぶりだ、広報担当者としての作戦なんだ。そんなものに反応しちゃ駄目だ」と記者たちをなだめ続けた。

ICIJで一〇年以上の経験があり、数々のプロジェクトをまとめてきたウォーカーゲバラは、ここで挑発に乗って予定を変え、報道を早めていたら壊滅的打撃を招きかねなかったと説明する。

「この時期は、細かい事実関係の最終チェックをする大切な仕上げの段階。もし、例えば一週間、報道を前倒しにするとなれば、仕事は突貫工事になる」

長い期間かけた取材でも、ミスはどういうわけか最後の最後、出稿直前のチェック、ギリギリのタイミングでようやく発見されることは、記者なら誰でも経験する。その時期をすっ飛ばしての仕事は危険極まりない。

「そういう時期に締め切りを前倒しすれば、大変だというだけではなく、仕事が不確実になる。もしも間違いがあったら、それは私たちにとっては破滅的な事態」

調査報道はしばしば恨みを買い、敵を作る。細かな誤りでも、敵にとっては記事全体の信憑性を攻撃する絶好の材料になる。この最終チェックの時間は記者にとっての命綱だ。赤ペンを手に、例えば日本語の記事であれば一文字一文字丸を付けながら、取材メモや資料と照らし合わせる。表現は正確で誇張と言われる余地はないか、数字や固有名詞は正しいかを確認する。それを突然切り上げさせられ、最終チェック未了の部分が残る記事を公開するなど、考えただけでも身が震える。

「だから、私たちは「待って、大丈夫だから」と言い続けた。大きな危機ではないけれど、これは大変な時期ではあった」

首相は顔色を変えた

四月三日の一斉報道開始のハイライトは、アイスランドの調査報道記者クリスチャンソンが報じた「グンロイグソン首相が秘密裡にタックスヘイブン法人設立」のニュースだ。この日の夜だけで、アイスランド国民の推計六割以上が視聴するという大ヒットを記録したのだ。

スウェーデン公共放送SVTが申し入れた三月一一日のインタビューに、グンロイグソン首相は紺色のスーツでにこやかに登場した。クリスチャンソンは部屋の隅にあるピアノの後ろに座り、映像では目立たない。

予定通りの経済危機についての質問、そしてタックスヘイブンに関する一般論についてよどみなく答えていた首相に、SVTのベリマンは切り出した。

「首相。過去、あるいは現在までに、ご自身が個人的に租税回避地法人とのつながりをお持ちということはありますか？」

首相は一瞬目を泳がせ、少し笑い、真顔に戻って「私自身？……えー、私の資産も家族の資産も、全て税務当局に申告しています」と答える。

「首相、この租税回避地法人についてはいかがでしょうか。ウィントリスという会社ですが」

グンロイグソン首相の顔色が変わった。

「えーと。それはだね。私の記憶が正しければ、それは私が役員を務めていた会社に関係している。お話ししたように、それも最初から私の税務申告の中にある……何か妙な感じがしてきたな、私の税務申告に関連した会社について私を非難しようというの？」

クリスチャンソンの頭の中に「キュー」の声が響いた。「アシスタント」の仮面をかなぐり捨てて立ち上がり、首相の正面に座り直す。ベリマンはすました顔で首相に告げる。

「細かいことは私のパートナーがアイスランド語で聞きます」

グンロイグソン首相の微笑みが引きつっている。クリスチャンソンが切り込んだ。

「なぜあなたはこれまで言わなかったのか、この……」

「その取材にはあとで答える」

「なぜあなたはこれまで言わなかったのか。ウィントリスとの関係についてだ」

「その取材にはあとで答える」

「あなたは私たちの首相だ。今、答えてください」

「……話したように、全て税務申告している」

「この会社にはどれだけの資産があるのですか」

グンロイグソン首相は席を蹴って立ち上がった。もはや憤然とした表情を隠そうともしない。

カメラはその姿をなおも追い続ける。部屋を出ようとする首相に、クリスチャンソンは続けた。

「あなたはこの会社の株を二〇〇九年、一ドルで売却しているが……」

「ばかばかしい」

グンロイグソン首相の声は怒気を含んでいる。

「仕組んだな」

「ここにあなたの署名がある。見てみてください」

文書の一枚を突きつけるクリスチャンソンの勢いに負けるように、首相は「いいが……」と文書に目を向け、すぐにそっぽを向いた。

「あんたたち、いい映像が欲しいだけなんだろ」

首相は部屋を出ていった。


放送直後から、グンロイグソン首相に対する批判が噴出した。辞職要求の声は同国史上最大規模のデモに発展し、人口三三万人の国で二万人を超す人が参加するという事態になった。一割近い人が抗議行動に動いたことになる。首相が辞任したのは四月七日のことである。

イギリスではキャメロン首相の父親が英領バージン諸島にファンドを組成し、キャメロン自身もそこから利益を得ていたことが発覚した。それまでタックスヘイブン対策を強調する立場だったキャメロンは一転して窮地に立たされ、大規模なデモも起き、釈明に追われることになる。アルゼンチンやスイス、スペインなど各国で抗議行動や捜査の動きが始まった。

プーチンの敵意、習近平の黙殺

ロシアのプーチン大統領は露骨に反発した。パナマ文書報道はロシアを不安定にさせるのが狙いだというのである。パナマ文書報道が始まって数日後、ロシア政府が出資する同国メディアRT(旧称「ロシア・トゥデイ」)はプーチンの言葉を伝えた。ロシアを不安定化させる「最も簡単な方法は、その社会の権威に不信を与えることだ」。そして、今回ICIJが入手し報道している大量のデータは「情報制作物」だという。政権を揺さぶるために敵側が意図的に流したという印象の言葉で、旧ソ連の情報機関KGB出身のプーチンがこれを言えば、静かな迫力がある。

パナマ文書に出てくるのはあくまでプーチンの友人たちであってプーチン本人ではないことも強調した。その上で、チェロ奏者ロルドゥギンを親しみを込めて「セルゲイ・パブロビッチ」と呼び「私は彼らを誇りに思う。彼らが友達であることを誇りに思う」と擁護した。

裏では別の動きもあった。ターゲットになったのは、政府に批判的なロシアの新聞で、パナマ文書報道に参加したノーバヤ・ガゼータ紙。脱税の嫌疑が掛けられたのだ。

「政権に近い要人たちの中から、ノーバヤ・ガゼータに対する税務調査を求める声が上がっている。アメリカ政府から数十万ドル(数千万円)の金を受け取っているというのだが、全くの事実無根だ」と、同紙記者のロマン・アニンは南ドイツ新聞の取材に答えて訴える。「報道前日、ノーバヤ・ガゼータの記者たちは尾行された。パナマ文書に名前がある何人もの人たちが、ノーバヤ・ガゼータの編集長に記事を出さないよう圧力を掛けたことも知っている」。税務調査の脅しは、典型的な圧力である。アニンは政府内部の情報源から「当局はパナマ文書報道をしたノーバヤ・ガゼータを決して許さないだろう。そして同紙を閉鎖に追い込むつもりだ」と警告されたという。

中国でも波紋が起きていた。タックスヘイブンに匿名法人を設立していた人々の中には、習近平国家主席の姉の夫である鄧家貴、李鵬元首相の娘の李小琳ら、党の現・元幹部少なくとも八人の親族がいた。その八人の中には、中国国家権力の最高中枢である共産党中央政治局常務委員七人のうち三人もが名を連ねる事態で、支配の正統性に疑問が生まれかねない。

中国共産党の対応は明快だった。関連する情報を全て封じたのである。ニュースに「巴拿馬文件」(パナマ文書)の文字はなく、インターネットで検索すると「法律と政策に合わない可能性がある」として結果が表示されない。中国で視聴できるNHKの国際放送は、関連ニュースが始まった瞬間に画面が真っ黒になり、音声も消える。中国では、パナマ文書などというものはこの世に存在しないことになっている。

世界中で話題が沸騰する。日本では政府の報道官として官房長官の菅義偉が「詳細は承知していない。日本企業への影響も含めコメントすることは控えたい」と慎重な態度を示すなか、アメリカ大統領のオバマはパナマ文書報道が始まった二日後、アメリカ経済についての記者会見の途中で切り出した。

「パナマからの大量データが、租税回避は大きな、世界的問題であることをあらためて示した。よその国だけの問題ではない。なぜなら、率直に言ってアメリカにもこれを利用している人たちがいるからだ」

タックスヘイブンを利用すること自体は、法に反するわけではない。この疑問に先回りしてオバマは続けた。

「多くの場合、これは合法だ。しかし、そこがまさに問題なのだ」

すなわち、法律の出来が悪くてそんなことが合法になってしまうことこそ問題だというのである。オバマの言葉で言えば「弁護士や会計士を十分に雇えるような人であれば、普通の市民が守らなければならない義務を逃れることができる」。そんな「法の抜け穴」をこそ、何とかしなければならないというわけだ。

パナマ文書報道が始まって二週間も経たないうちに、ＯＥＣＤは加盟各国の財務当局者による緊急会合をパリで開き、タックスヘイブンの透明性を高める施策を強化することで一致した。世界の主要な二〇か国・地域（Ｇ20）の財務相・中央銀行総裁会議もワシントンで開かれ、タックスヘイブン法人の匿名性に対抗し、実質的な所有者を各国が特定できる仕組み作りを進めることで合意した。いずれも、パナマ文書報道を受けた異例の開催だった。

匿名太郎が南ドイツ新聞のバスチャン・オーバーマイヤーに「データに興味はあるか」とメッセージを送ってから約一年。極秘裡に提供された二・六テラバイトのデータと、世界中の記者四〇〇人が連携した取材、報道が歴史を作っていく。

第2章　グローバル化するニュースを追う

「政府は国境を越えない。警察も管轄を越えない。でも、組織犯罪に境界線なんてない。そんな奴らを追うには、我々記者が国境を越えなければいけない」

組織犯罪・汚職報道プロジェクト（OCCRP）、アンドリュー・サリバン

1　アゼルバイジャンの独裁者が奪った富

急成長ビジネスの甘い蜜

日本で携帯電話が爆発的に広がったのは、一九九〇年代半ばから後半にかけてのことだ。九四〜二〇〇〇年度の間に加入契約数は一五倍に激増し、ＮＴＴドコモと子会社の売上高は五倍超に成長した。日本だけではない。世界中の携帯電話ビジネスが前世紀末から今世紀初めにかけ、大きな成長を遂げた。新興国では特に、国の経済成長との相乗効果で爆発的に伸びる。発展途上国や貧困国では、電話線網が要らず設備投資が比較的軽い携帯電話事業の方が旧来の有線固定電話事業より発展しやすい。そんな国では電話といえば最初から携帯電話であり、そうして多くの人に行き渡る。

東ヨーロッパと中央アジアの境にあるアゼルバイジャン共和国でもそうだった。日本から西へ九〇〇〇キロメートル、カスピ海の西側に面した人口九八〇〇万人の国である。

アゼルバイジャンは旧ソ連の一部で、ソ連崩壊後の一九九一年に独立した。九三年に第三代大統領となったのがヘイダル・アリエフである。ソ連時代の共産党幹部という経歴を持つ男で、強権的な政治で反対勢力を抑え込み、混乱を鎮静化することに成功した。

二〇〇三年に病に倒れると、長男のイルハム・アリエフが後継者として大統領に当選し、父子長期政権の道を開いた。人権活動家、報道記者らを次々に逮捕、投獄し、国際人権団体ヒューマン・ライツ・ウォッチからは「容赦ない弾圧によって、NGOやメディアの多くがつぶされた」と厳しい批判を受けている。

自由や権利の面ではお粗末極まりなくても、経済は石油とガスが出るおかげで安定した。固定電話の普及度は日本の数分の一だが、携帯電話は日本より一足早く二〇一〇年に一人一台を実現している。二〇〇〇年には一人あたり〇・〇五台だったから、この一一年間に二〇倍という爆発的成長になる。そんなアゼルバイジャンの携帯電話ビジネスの最大企業が「アゼルセル」だ。セルとは英語で携帯電話を意味するセルフォンのこと。アゼルバイジャンのセルフォン会社だからアゼルセルである。

アゼルセルはアゼルバイジャン政府と外国民間企業が共同出資して作られ、携帯電話の普及の波に乗って発展し、大きな利益を上げる優良企業に成長した。同時に、アリエフ大統領家の私的な資金源にもなっていった。複数の会社を介し、公表されない資金経路を用いた巧妙な闇の金脈だった。アリエフ父子の独裁政権が全てを決し、公私混同と汚職が横行し、異論は封殺される、この国では普通のことである。

だが、一つだけ普通ではないことが起きた。その事実が露見し、報道されたのだ。

このニュースを掘り起こし、伝えたのはスウェーデンの公共放送SVTと同国の通信社TT、そしてもう一つ、OCCRPだった。非営利組織「組織犯罪・汚職報道プロジェクト」の略である。中東欧と中央アジア地域を拠点に、国境を越えて各国の調査報道記者やメディアを結び、協力取材体制を作る。名前も耳慣れないこのOCCRPこそ、アリエフ独裁政権の裏をかき、アゼルバイジャンの腐敗と癒着を報道するという不可能を可能にした立役者だった。地元に詳しい記者や協力者がおり、いわば土地勘があるOCCRPと、強力なスウェーデンメディアの公共放送SVT、通信社TTの記者たちが組んで調査する合同取材体制を組織したのだ。

記者に渡った一枚のメモ

OCCRPの報道によると、事件が起きたのは二〇〇四年のことだった。アゼルセルは当時、政府がおよそ三分の一、民間が三分の二の株を持つ官民企業だった。民間部分の大半を北欧スウェーデンとフィンランドの合弁携帯電話会社「テリア・ソネラ」出資企業が保有し、残りをトルコの企業グループ「ジェナイ」系企業が持っていた。

アゼルセルは順調に事業を拡大し、半官半民から完全民営企業に脱皮することになった。政府が持っている株の、民間への払い下げである。優良成長企業だから払い下げを受けられれば大きな富を得る。払い下げは実質最大株主の北欧企業テリア・ソネラ側が受けることが、株主間の合意事項になっていたが、横やりが入った。同じ民間出資者でも、テリア・ソネラではなく、トルコのジェナイグループが本件を仕切ることになった、と突然政府がテリア・ソネラに言い渡したのである。

このジェナイグループはただのトルコ企業ではなく、アゼルバイジャンのアリエフ政権と極めて近いくせ者だった。息子アリエフ大統領の就任後は親密さが特に顕著で、この時期既にアゼルバイジャン国内で光ファイバー事業や石油、ガス事業で成功を収めている。政府は、そのジェナイグループ企業と、名前を明かせない正体不明の新規事業者に、アゼルセルの政府保有株を払い下げるつもりだという。しかも、北欧企業テリア・ソネラは単に政府保有株をあきらめるというだけでなく、ジェナイグループなどがその政府保有株を買い取るための巨額資金を用意し、貸すよう求められた。「泥棒に追い銭」のひどい話だが、独裁政権からのこの要求を、北欧企業テリア・ソネラは拒めなかった。

これだけなら、同社は横暴なアゼルバイジャン政府の被害者ということになる。だが、ことはそう簡単ではなかった。

一枚のメモを、OCCRP・スウェーデンメディア連合取材チームの記者たちが入手した。二〇〇四年一二月一四日付で、北欧企業テリア・ソネラと正体不明の新規事業者とが取り交わした念書だった。

「買収前および後に必要となる政府の許認可および免許は全て与えられ、関連するあらゆる申請と登録がなされることを約束する。これには公正取引当局、電気通信当局、法務省、その他のアゼルバイジャン政府当局などの手続きが含まれる」

これはつまり「完全民営化前後に新生アゼルセルが必要とする政府の許認可手続きを、この正体不明の新規事業者が全て取得してやる」という意味だ。アゼルセルは北欧企業テリア・ソネラにとって大切な傘下企業で、たとえ政府から株の払い下げを受けられなくても、最大株主であり続ける。そのアゼルセルにとって、アゼルバイジャン政府の許認可は死活問題となる。許認可を無事に得て傘下企業を守る見返りに、テリア・ソネラは政府保有株をあきらめて謎の新規事業者側に差し出すという密約だった。極端に広い分野に及ぶ政府許認可に関する約束だ。こんな約束ができるというだけで、謎の新規事業者はアゼルバイジャン政府に相当な影響力を持っていることがうかがえる。

記者たちが入手したこのメモは、事件の性質を大きく変えた。テリア・ソネラはアゼルバイジャン政府当局の被害者ではない。脅し半分とはいえ、許認可と引き替えに巨利を生む株の権利を引き渡すのであれば、同政府と意を通じた贈賄の容疑者となる。

ところが、このプランは土壇場で棚上げになってしまった。最後の最後で北欧企業テリア・ソネラが、アゼルセルの役員構成をめぐって要求を出したことが、アゼルバイジャン政府を怒らせてしまったのである。何の説明もなくプランは引っ込められ、アゼルセル自体がいくつもの規制当局から圧力を掛けられ、厳しい税務調査を受ける有様であった。

謎の企業を操る者

数か月後、事態が動いた。ジェナイグループが、所有するアゼルセル株の半分を、新たに設立された会社「ジェナイ・イレティシム」(CI社)に渡した。CI社は当初、ジェナイグループの一社として作られたが、すぐにグループ外に売却された。売った先はパナマに設立されたばかりの二つのペーパー会社。簡単に言えば、ジェナイグループがCI社にアゼルセル株をたっぷり持たせ、パナマのペーパー会社に売った形だ。問題はその代金で、ジェナイグループが受け取ったのは、六五〇〇万ドル(六億五〇〇〇万円)だった。当時のアゼルセルの企業価値から計算すれば、理論上の価格の四分の一から七分の一という異常な安値となる。

こんな安値でアゼルセルの株を手に入れたパナマの二社が謎に包まれている。パナマはタックスヘイブンで秘密性が高く、企業の真の所有者が明かされない。だが、OCCRP・スウェーデンメディア連合は取材の結果として、背後にはアリエフ大統領家がいる疑いが濃厚だと指摘した。その根拠として、①パナマの二社が企業を保有するという構造は、アリエフ家のビジネスで最も頻繁に使われているやり方と全く同じ、②パナマは、アリエフ家が所有する海外タックスヘイブン法人の大半が置かれている場所、③パナマの二社とも、アリエフ家が通常使う法人設立代行業者「モルガン&モルガン」が設立手続きをしている、④CI社の設立書類に署名をしているオリビエ・メステランはスイスの弁護士で、アリエフ家が長年雇っている代理人。しかもアリエフ家が設立した他の複数の会社の代表者(署名権限者)も務めている、⑤CI社の役員はトルコの建設業者アフメット・ジェムハン・ビルゲで、アリエフ大統領と娘たちのもっとも頻繁な契約相手——といった事実を、これら関係者の実名を明示して説明している。

いずれも状況証拠ではある。だがこれだけの事情がすべて重なるとなると、常識的に考えればCI社の背後にアリエフ大統領家がいると考える方が合理的である。つまり、トルコのジェ

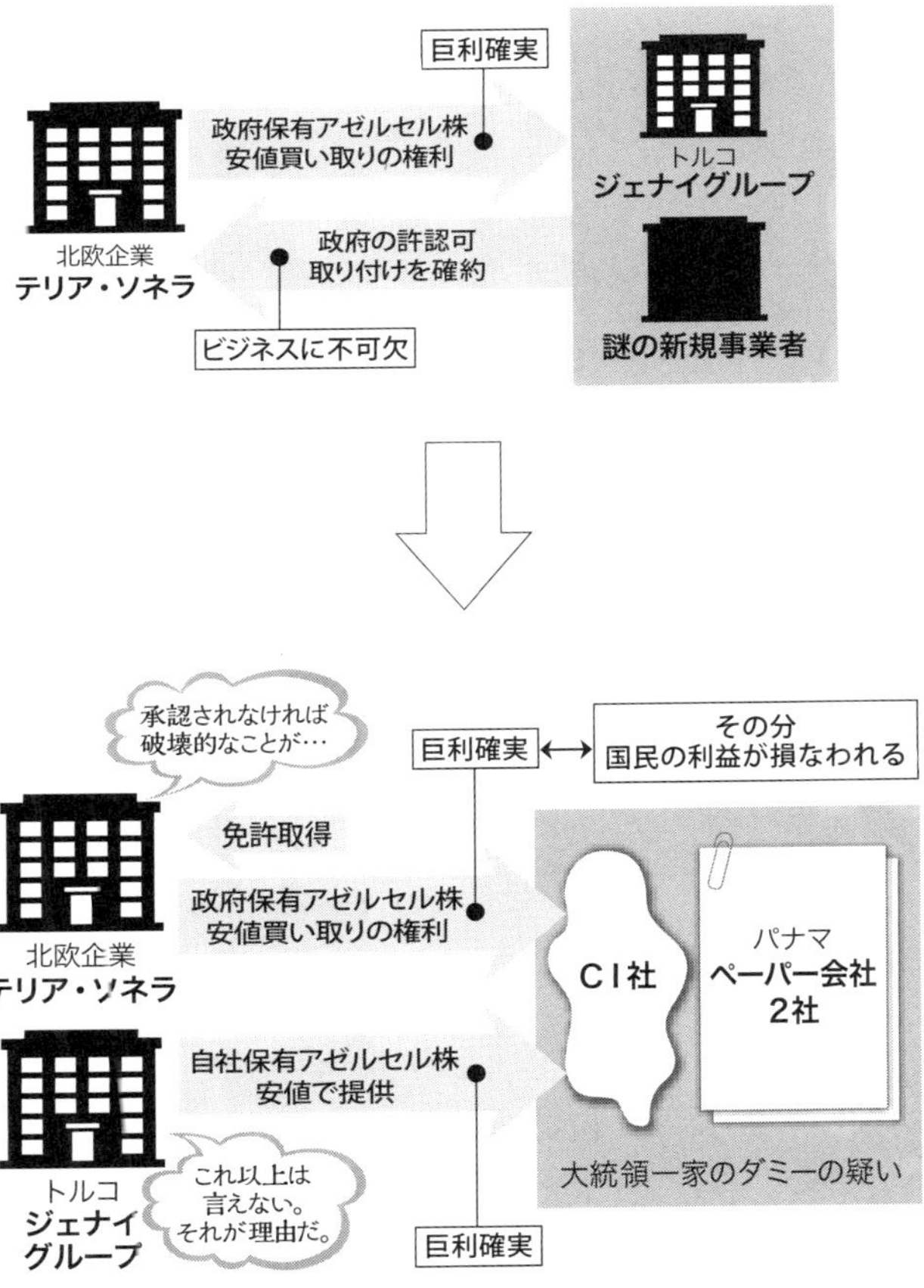
巨利確実
政府保有アゼルセル株
安値買い取りの権利
トルコ
ジェナイグループ
北欧企業
テリア・ソネラ
政府の許認可
取り付けを確約
ビジネスに不可欠
謎の新規事業者
承認されなければ
破壊的なことが…
巨利確実
その分
国民の利益が損なわれる
免許取得
政府保有アゼルセル株
安値買い取りの権利
北欧企業
テリア・ソネラ
CI社
パナマ
ペーパー会社
2社
自社保有アゼルセル株
安値で提供
トルコ
ジェナイ
グループ
これ以上は
言えない。
それが理由だ。
大統領一家のダミーの疑い
巨利確実

アゼルセルと利益提供

ナイグループが、優良企業アゼルセルの株を、アリエフ大統領家のダミー企業に、異常な安値で提供した——という形になる。

ＯＣＣＲＰ・スウェーデンメディア連合の記者はジェナイグループのウール・ウズペデルに理由をただした。その返答は「アゼルバイジャンでの仕事は大変難しい。私たちは現地にほかの投資もしている。パイプラインやパイプ生産工場だ。それが成功できなくなってしまう、なぜならとても難しいマーケットなのだ」。奥歯に物が挟まったような物言いで、要領を得ない。

記者はズバリ質問した。実のところ、安値売却を無理強いされたのではないか。

「これ以上は言えない、これ以上は言えない、これ以上は言えない。それが理由だ」。彼はただ、そう言うのみだった。

アゼルセル株の持ち主は四者体制になった。アゼルバイジャン政府、北欧企業テリア・ソネラ、トルコのジェナイグループ、そして、アリエフ家のダミーと強く疑われるＣＩ社だ。

二〇〇五年一二月、「本丸」の動きがあった。アゼルバイジャン政府が持つアゼルセル株の払い下げが決まったのだ。

払い下げ価格は一億八〇〇〇万ドル（一八〇億円）。これも激安価格で、当時のアゼルセルの企業価値から計算した理論上の価格の四分の一以下になる。この株の配当だけで三年で一億八四〇〇万ドル(一八四億円)を受け取れる。つまり三年保有すれば、配当だけで購入代金の元が取れてしまう。金のなる木の大安売りだ。

こんな有利な取引なのに、北欧企業テリア・ソネラとトルコのジェナイグループは買う権利をあえて放棄した。買ったのはCI社だった。CI社にアゼルセル株が、それも激安価格で相次いで提供される形である。

北欧企業テリア・ソネラからすれば、非常に有利な価格で政府保有株を買える絶好のビジネスチャンスをあえて放棄する、という決定は異常である。そんな判断をしたテリア・ソネラの内情はいったいどうなっているのか。OCCRP・スウェーデンメディア連合の記者たちが探った結果、同社トップが役員会である発言をしていたことが判明した。

「もしこの役員会で本件が了承されなければ、我が社にとってもっと破壊的なことが起きるだろう。アゼルバイジャン政府は、保有するアゼルセル株を誰か他の者に売ってしまうからだ」

政府がアゼルセル株を誰か他の者に売ってしまう——これが破壊的である理由は容易に見当がつく。アゼルバイジャン政府の持ち株比率は現在三六%ある。一方、北欧企業テリア・ソネラが実質的に握る議決権は五一%だ。過半数とはいえギリギリの比率であり、政府の持つ三六％の株がCI社に行かず、もっとたちの悪い株主に渡れば、アゼルセルの経営は一気に困難になる。ましてアゼルバイジャン政府がつむじを曲げ、競争他社にでも渡そうものなら、苦労して育てたアゼルバイジャンの携帯電話ビジネスの相当部分をライバルにプレゼントすることになる。それを避けるには、政府が言う通りの払い下げを認めるしかなかったのである。

スウェーデン史上最悪の汚職

アゼルセルの株を激安で買う権利を、アリエフ大統領家のダミーと疑われるCI社に差し出す、と決めた北欧企業テリア・ソネラの思惑は、それだけではなかった。さらに裏があることをOCCRP・スウェーデンメディア連合の記者たちは見つけ出す。同社の役員会報告書や株主向けの年次報告書を分析した結果、妙なことがさりげなく書かれていたのである。

「二〇〇六年、アゼルセルは新たに一八〇〇メガヘルツ帯のGSM免許を二〇年間得る権利を取得しました」

このタイミングといえば、北欧企業テリア・ソネラが「金のなる木」アゼルセル株の取得をあきらめ、アリエフ大統領家のダミーと疑われるCI社に譲った直後である。そんなとき、免許が与えられたのだ。「見返り」だとあからさまに述べる人などどこにもいるはずがないが、非常に怪しい。

記者たちが見つけた妙な記述はまだあった。

「アゼルバイジャン共和国(の政府)が持つ、アゼルセル株の民間移転が完了しました。……少数株主のうち一社は、この会社が持つ四二・二%の株について、株主総会が膠着状態となった際には(最大株主である北欧企業テリア・ソネラ側に)適正価額で売るプットオプションの権利を与えられました」(括弧書きと傍点は筆者)

文書にこの「少数株主」の名前は書かれていない。だが、株保有割合「四二・二%」はアリエフ大統領家のダミーと疑われるCI社が政府から株の払い下げを受け、保有割合を増やした後の数字と一致しており、他の株主ではあり得ない。疑惑に目をつけて取材してきた調査報道記者だからこそ気がつく「マジック・ナンバー」だ。

CI社はアゼルセルの議決権の四割以上を握るから、ごねれば大変だ。北欧企業テリア・ソネラは窮地に立つ。その場合、CI社はテリア・ソネラに株を売ってあげますよ、そうなれば九割の株を握れるので会社運営は円滑になります、ただし値段は「適正価額」で——ということだ。

アゼルセルの株式持ち分をネタに「ごねるかも知れない」という脅し、「そこから解放する用意はある」という甘言、巨額になると見込まれるその「適正価額」という条件が、記者たちが見つけ出したこの短い文言に折り込まれている。北欧企業テリア・ソネラからすれば、さらなる金銭提供を強いる爆弾を仕掛けられたようなものだ。

ＯＣＣＲＰ・スウェーデンメディア連合の記者たちの取材に対し、こうした問題に詳しいベテラン会計士でスウェーデン中部大学名誉教授のエイナル・ハクネルは「恐ろしく倫理に反するというだけではなく、捜査が開始されるべきもの」と指摘する。容疑は「汚職、窃盗、横領、背任」。その最大の被害者は「アゼルバイジャンの国民だ」と断じる。

政府がその資産、つまり国民の共有財産であるアゼルセル株を、異常な安値でＣＩ社にたたき売ってしまった。それによって失った被害額は六億ドル（六〇〇億円）に上る。学校がいくつ建てられるだろうか。逆に、その安値による巨利を得たＣＩ社の実体は大統領一家である疑いが濃厚だ。一言で言えば、六〇〇億円もの国の金を大統領一家がネコババしたという構図である。北欧企業テリア・ソネラは、アゼルバイジャンの携帯電話市場を確保したいがため、これに加担した疑いをぬぐえない。ＯＣＣＲＰの記事はこれを「スウェーデン史上最悪の汚職」と結論づけた。

スウェーデン、ボスニア、そしてアゼルバイジャン

表現や報道の自由が著しく制限されているアゼルバイジャンである。政権を痛打するこんなスキャンダルの裏付け取材は、一体どうやれば可能となるのか。OCCRP・スウェーデンメディア連合の中心にいた記者ユアキム・ジフベルマルクがそんな私の問いに答えてくれた。スウェーデン公共放送SVTで二〇年にわたり調査報道を続けている記者である。スキンヘッドにひげを生やした大男で、迫力満点だ。

「まずは年次報告書を読むところから始めた」

企業が毎年、決算の詳しい数字とともに企業活動をまとめた報告書のことだ。上場企業であれば必ず公表されるし、そうでなくとも公開されている場合がある。調査報道の基礎だ。

ユアキム・ジフベルマルク

「もちろん、簡単にいろんなことが分かるとは言わない。でも我々は、実は彼らがこれ以前にやっていたことを知っているからね。その知識を持った上で読めばね」

携帯電話ビジネスを世界に展開する北欧企業テリア・ソネラは、アゼルバイジャンとは別に中央アジアのウズベキスタンに進出する際、イスラム・カリモフ大統領の娘のグ

ルナラ・カリモワ、その恋人や周辺者につながる現地企業との「提携」の名目で、彼らに多額の利益を提供していた。進出後、傘下の現地携帯電話会社はカリモフ大統領の独裁政権に協力し、違法な盗聴やショートメールの盗み見を許した——とSVTは既に報じていた。反対派への苛烈な弾圧で国際社会から厳しい批判を受けているウズベキスタン政府を、人権と民主主義が表看板の北欧から来たテリア・ソネラが助け、人権弾圧を後押ししていたという醜い構図を描き出した報道だ。ジフベルマルクが言っているのはそのことだ。

ウズベキスタンでのこんなスクープをスウェーデンメディアが成し遂げたのは、中央アジアや中東欧に詳しいOCCRPの記者、ミランダ・パトルチッチとの共同作業があったからだった。パトルチッチはボスニア・ヘルツェゴビナを拠点に活動している。これが、アゼルバイジャンの携帯電話会社アゼルセルの事件スクープにつながった「前史」だった。

「だから、今回も共同取材をしようと決めた。ミランダ・パトルチッチ、そしてスウェーデンの通信社TTのオラ・ベステルベリだ」

これがアゼルバイジャンの暗部を探るOCCRP・スウェーデンメディア連合となる。

「年次報告書とか、そういう経済関係の書類は公表されているものだ。分かると思うけど、こうした資料に当たる場合、事前の知識があり、どの角度から何を探せばいいか分かった上で読めば、見え方は全然違ってくる」

年次報告書や有価証券報告書は日本でも調査報道記者の基本ツールだ。無味乾燥で退屈、おまけに長い文書で、ただ読んでも全く頭に入らない。だが、ポイントを頭に入れて「アゼルバイジャン進出に関する記載はないだろうか？　子会社の株が変なアゼルバイジャンの企業に動いていないか？」と意識して読めば、その関連の文字が向こうから目に飛び込んでくる。頭に入れた数字は「マジック・ナンバー」となり、まるで検索したように見つかる。

ジフベルマルクたちはトルコ企業のトルコ語文書も調べなければならなかった。

「そんなときに、共同取材が生きてくる。OCCRPにはトルコ人の調査担当者もいる。彼女がトルコ語を訳してくれた。特に脚注だ。企業の報告書では、面白いものはすべて脚注に書かれている」

調査報道記者が言う「面白い」というのは、世の常識的な人にとっては「不快、不正でスキャンダラスな」というような意味の、変則的な何かだ。大企業がそれを報告書にやむを得ず掲載する場合、極力目立たないよう、小さな脚注にして押し込む。どの国でも似たようなものだ。

こうして見つけたのが、アゼルセルの政府保有株払い下げにあたり、異常な激安価格で謎のパナマ系企業、ＣＩ社が買い受けたことを示す記述だった。不正な利益提供と考えるのが筋だが、公表される年次報告書には不正であると正直に書いてあるわけがない。取材で裏付ける必要がある。彼らはさらに深く掘り進む。

「既に我々はウズベキスタン関係でテリア・ソネラの報道をしてきたわけで、同社の中に大勢の情報源ができていた。彼らに聞いたんだ。「ちょっと前のことだが、役員会の内部資料を見てくれないか。これは意図的にやった(不正)行為だと証明する何か堅い資料がないか」とね」

たとえ記者に協力する気がある情報源でも、漠然と「何か不正はないか」と聞かれて答えられる人はいない。だが具体的な固有名詞、例えば「CI社」の名をズバリぶつけられた瞬間、人は真実を話そうとの衝動を感じることがある。それが取材のターニングポイントになる。はっきりとぶつけられれば、本当のことを話しやすい。そうやって入手したのが前述の「許認可は全て与えられる」という例の密約メモであり、役員会の席上で会社トップが「もしこの役員会で本件が了承されなければ、我が社にとってもっと破壊的なことが起きる」と発言したという証言だった。これらがスクープの決め手になった。

未完プロジェクトを継いだ者 66

「だが、こうした独裁国家の取材はやはり難しいよ。普通ならカメラクルーとともに現地に入る。彼らは我々にビザを発行せず、入国はできなかった。現地映像は資料映像を使うしかない。アゼルバイジャンの記者と直接に連合することも無理だ。彼らが大変なことになってしまう……ハディージャのようにだ」

ハディージャとは、アゼルバイジャンの調査報道記者ハディージャ・イスマイロバのことだ。二〇一四年一二月、脱税や名誉毀損の容疑で逮捕された。裁判所は翌年九月、無罪主張の大半を退け、禁錮七年六か月の判決を言い渡した。

アゼルバイジャンのこうした人権弾圧は国際社会でも大問題となっており、国連人権理事会では二〇一五年、二五か国が合同し「批判の声を制度的に圧殺している」とアゼルバイジャン政府を非難する声を上げた。ザイド・フセイン国連人権高等弁務官も人権活動家への弾圧を非難するとともに批判者たちを釈放するよう求めている。

「……あなたはいったいどこのメディアだ」

と、ニューヨーク国連本部の記者会見で不愉快そうにウォールストリート・ジャーナル紙の記者をにらんだのは、アゼルバイジャン政府の代表として国連に常駐する同国国連大使のアグシン・メフディエフである。二〇一二年五月、私がニューヨーク特派員として国連本部を取材していたときのことだ。安全保障理事会の月替わり議長国としての記者会見を開いたところ、たまたま五月三日の「世界報道の自由デー」に当たったこともあり、同国が「世界で最悪の検閲国家の一つ」と批判されていることへの意見を同紙の記者から求められ、つい反発してしまったのだ。一九三の国連加盟国の中でも、記者にこんな反応をする政府代表にはなかなかお目にかかれず、会見場に冷ややかな空気が流れた。質問したジョー・ローリアが「ウォールストリート・ジャーナルですが」と答えると、一瞬沈黙した大使はやがて仏頂面で「我が国には野党系の新聞もある」「報道の自由は無責任の自由ではない」などと説明を始めた。質問したのがもっと小さなメディアだったらどうだったろうか。

逮捕、有罪判決を受け投獄されたアゼルバイジャンの調査報道記者ハディージャ・イスマイロバは、例えばエジプトのムハンマド・ホスニ・ムバラク元大統領周辺者の資産移動をめぐるアゼルバイジャン人の不自然な関わりを暴いた報道で二〇一二年にドイツの報道賞を受けるなど、国外でも注目されてきた。しかし、一四年の逮捕のみならず、その二年前には彼女の寝室が何者かに盗撮され、恋人とのベッドシーンがインターネットで公開されるという被害にまで遭い、政府による嫌がらせではないかとの声が国際的に上がった。

その記者イスマイロバが逮捕直前にOCCRPプロジェクトとして報じたのが、携帯電話会社アゼルセルとアリエフ大統領家とのつながりだった。アゼルセルのスキャンダル報道に最初に着手したのはイスマイロバだったのだ。

彼女の記事は、アゼルバイジャン政府の持ち株が、アリエフ大統領家のダミーと疑われるCI社に巨利をもたらしたとみられることまで暴いている。だが、北欧企業テリア・ソネラの意図や、政権との駆け引きは明かされないまま残され、そこでイスマイロバは拘束されてしまった。アゼルバイジャン政府はこれ以上の調査報道を阻止することに成功したかにみえた。

ここでOCCRPが立ち上がった。スター記者を投獄されて黙ってはいられない。直ちに「ハディージャに自由をプロジェクト」を開始し、国際社会にハディージャ・イスマイロバの名前を広く知らせて市民の連帯を求めるとともに、携帯電話会社アゼルセルの疑惑を暴く未完の調査報道を引き継ぐ者を求めた。それが、ウズベキスタン疑惑を調べていたスウェーデンSVTのユアキム・ジフベルマルクたちだった。

携帯電話会社アゼルセルをめぐるOCCRP・スウェーデンメディア連合のプロジェクトは、つまり、OCCRP側とスウェーデンメディア側の双方に「前史」があったことになる。

取材困難地域の記者連合

中東欧・中央アジア地域の国際調査報道組織OCCRPは二〇〇六年に設立された。ボスニア・ヘルツェゴビナとルーマニアでそれぞれ調査報道に取り組む二人の記者が出会ったのがきっかけだった。別々に追っていた資源貿易汚職の中心に同一の男がいると知って、合同取材を始めたのである。

創設者二人のうちの一人で、ボスニアの首都サラエボを拠点にOCCRPの編集者を務めるのがアメリカ出身のアンドリュー・サリバンだ。サリバンは私の取材に対し、アゼルセル報道はOCCRPの最近の最大の成果だと話す。そもそも中東欧、中央アジア地域では独裁政権、非民主的な政府による障壁があるのに、どうやれば調査報道ができるのだろうか。

「とにかく困難が多い。この地域では、公的な文書類を得るということが大変に難しい。会社の公開情報があるとは限らない。そして、匿名性の高いオフショア法人が、法人の形式上の所有者として使われる」

オフショア法人――通常はタックスヘイブンにあり、株主も役員も開示されない「匿名法人」を指す。アゼルバイジャンの携帯電話会社アゼルセルの問題でも、アリエフ大統領家のダミーと強く疑われるCI社は、タックスヘイブンであるパナマの法人が所有しており「真の所有者」は公式には分からない。こういう会社が中央アジアや中東欧に多いというサリバンの説明は、つまり匿名性を用いて犯罪や汚職を隠しやすく、調査報道記者から見れば調べにくいということになる。

「だから、我々は通常のやり方では見つけられない情報を見つけなければならない。例えば、大量の資料を用意し、それを調べて鍵となる情報を見つける」

入手可能な資料を徹底的に積み重ね、その分析で情報をあぶり出す作戦だ。

アンドリュー・サリバン

「国内の人物たちと、海外タックスヘイブンの法人との結びつきを発見する場合なんかがそうだ。そして、タックスヘイブンであっても、例えばジブラルタルならある程度の記録を開示させることができる」とサリバン。タックスヘイブンの匿名性にも濃淡があることを熟知し、それを生かして資料を取得、分析する。同時に、各国に協力者もいるという。

「(OCCRPが活動する域内の)全ての国にコネクションを持っている。だが、大変難しいものだ。そうした国で私たちに協力してくれる人の名前は明らかにできない。私たちと彼らとは、暗号化技術などにより盗聴不可能な方法でしかやりとりをしない。そうでなければ、彼らは投獄されてしまうんだ」

ＯＣＣＲＰは、中東欧・中央アジアの非営利調査報道組織二〇以上、地域の有力メディア、そして個人としての報道記者多数も加わって運営されている。ボスニア・ヘルツェゴビナやルーマニアをはじめ、アゼルバイジャン、ウズベキスタン、アルメニア、ロシア、ウクライナなどにネットワークは広がっている。民主主義が十分に機能していない国では、こんな調査報道団体に協力していることが露見すれば危険にさらされる。そこで、記者たちの国際協力、グローバルな連帯が意味を持つという。

「なぜなら、そうすることでより良い仕事を、より安く、より速く、行えるからね。例えば私が東京で取材したとしよう」

サリバンはそう言って私を見つめ返した。

「私は何も情報を得られないだろうね。日本の人々に知り合いがいるのはあなたたちだ。日本での取材のコツだって分かっているわけだし、日本語を話せる。私たちが取材するよりずっといい結果が出せる。ややこしい話を取材するには、現地の記者が必要なんだ。その方がいい情報を得られる」

サリバンは日本の記者である私に「あなたたちは、いろいろな人を知っている」と繰り返す。日本では日本の記者が社会に人間関係のつながりを持っている、だから強いのだと。

記者歴約二〇年、サリバンは自然科学系の経歴の持ち主で、航空宇宙産業大手だった旧「ロックウェル・インターナショナル」でスペースシャトル事業にも加わったことがあるといい、記者としては異色だ。情報技術に強く、パソコンやインターネットによるデータ分析で事実を割り出す「CAR」(コンピューター活用取材)の専門家でもある。そんな彼が、「人々を知っていること」の大切さを強調する。プロの取材は結局、人間と人間のコミュニケーションによってこそ成り立つことをあらためて思い知らされる。国境を越えるグローバルなジャーナリズムは同時に、地元記者によるローカルなジャーナリズムに立脚している。

「政府は国境を越えない。警察も管轄を越えない。でも、組織犯罪に境界線なんてない。奴らは苦もなく世界を動き、国際規模の犯罪には天敵がいない状態になる。そんな奴らを追うには、我々記者が国境を越えなければいけない。国境を越え、大勢の人たちと力を合わせる――そういうやり方を取ることにしたんだ」

OCCRPは政府の腐敗や組織犯罪を取り扱う国際調査報道プロジェクトを毎年六〇件程度手がけてきた。記事がまとまれば、それらの記者が所属する各国の新聞、テレビなどが報道するとともに、ＯＣＣＲＰもウェブサイトに掲載する。これらの既存メディアも通じ、これまでに二億人がＯＣＣＲＰの国際調査報道ニュースを読んだり視聴したりしたという。報道の結果、発足一〇年の二〇一六年までに五五件が犯罪捜査の対象になり、一一五件の逮捕状が発付された。各国政府首脳や国際企業の経営者をも含む一二人が辞任に追い込まれ、一八億ドル（二八〇〇億円）相当の資産が押収、凍結されるに至った。

これほどの国際調査報道プロジェクトを進めるＯＣＣＲＰの年間予算は、二〇一五年では二二五万ドル（二億二五〇〇万円）。その半分、約一億円が人件費だ。収入源は寄付で、人権団体や民主化運動を支援することで有名な投資家ジョージ・ソロスの「オープン・ソサエティ財団」や、地域振興、民主化支援予算があるアメリカ政府の補助金、スイス政府や、インターネット検索大手のグーグルからの多額の寄付のほか、個人からの寄付も多い。アメリカに本部がある報道支援組織「国際ジャーナリストセンター」（ＩＣＦＪ）も寄付者の一つだが、このセンター自体もアメリカ政府の補助金が入っているので、ＯＣＣＲＰはアメリカ政府からかなりの寄付を受けていることになる。「金は出すが口は出さない」のがこういう寄付の前提とはいえ、アメリカやヨーロッパの政府、企業、団体からの寄付が多いとなると、その者たちの意を受けた団体だと言う人は出てくるだろう。そんな率直な質問にも、サリバンは淡々と言う。

「これらは全て、OCCRPの年次報告書に記載され、インターネットでも公表していることだ。だが、この地域では、権力を持つ人について報道すればいつも攻撃を受ける……そしてひどく攻撃を受ける。報道内容が事実かそうでないかなんてどうでもいいんだろうね。私なんかスパイ呼ばわりだ。あるときはFSB、つまりロシアの情報機関(旧ソ連KGBの後継組織)だと言われ、あるときはアメリカのスパイだと言われ、あるときはイスラエルのスパイだと。ま、よくあることだ」

2　マフィアの大陸侵略を暴いた「イタリア・アフリカ各国記者連合」

血塗られたダイヤモンド

宝石の王であり、最も硬い天然物質でもあるダイヤモンドは、その希少さゆえに高い価値を帯びる。世界全体の生産量は二〇一三年の「アメリカ地質調査所」(USGS)の統計で約一億三〇〇〇万カラット、すなわち二六トンにすぎない。この貴重な宝石の生産国として同統計が挙げているのは、世界の中でもわずか二五か国にとどまる。うち一六か国がアフリカに集中している。

アフリカには政情が不安定な地域も多い。紛争地域ではダイヤモンドが武装勢力の資金源となる。ダイヤモンドは銃弾や爆弾に変わり、人々を殺傷する。こうした「血のダイヤモンド」(紛争ダイヤモンド)が問題となって久しく、国際社会は大手ダイヤモンド企業とも協力して「血のダイヤモンド」を封じ込めようと対策を進めているが、全てのダイヤモンドの生産地と流通経路を特定できるわけもなく、不正な売買ルートの根絶は極めて難しい。

世界のダイヤモンド生産量の七、八、九位の地位にあるのがアフリカのアンゴラ、南アフリカ、ナミビアだ。大陸の南端から西岸につながるこの三か国でダイヤモンドと結びつき、巨額の富を築いたイタリア出身の男がいる。

ビート・ロベルト・パラッツォーロという。一九四七年にシチリア島北部のパレルモで生まれ、英語、ドイツ語、フランス語を流暢にこなし、銀行勤務を経て金融知識を身につけた。同時に、一九七〇年代以後ヨーロッパのダイヤモンド産業と関わりを持ち始め、八〇年代からはダイヤモンド産地であるアフリカに拠点を築き始めた。二〇一〇年代初めには、出身国イタリアと、アフリカ南部地域とを結ぶ大きなネットワークの中心にいた。パラッツォーロが数十年間掛けて築いたこのネットワークは、しかし、単なるビジネスではない。

「コーサ・ノストラ」——イタリア最大のマフィア組織だ。その構成員というのが、この男について回る呼称だった。パラッツォーロは一九八〇年代以後、資金洗浄などの容疑で何度も捜査当局に追われ「マフィア銀行家」と呼ばれた大物である。本人はマフィアとのつながりを否定する主張を続けているものの、イタリア検察から起訴された結果、パラッツォーロ自身は南アフリカ在住のままイタリアの裁判所にマフィアとの関係を認定され、二〇〇九年に有罪が確定している。

これに先立ちパラッツォーロは一九八五年にスイスでも有罪判決を受け、刑務所に入っている。だが翌年の冬にはクリスマス外出許可を悪用し、外出したまま偽造パスポートを使って出国、南アフリカで投資活動に入った。行方を追っていたスイス当局の要請に基づいて南アフリカで再び拘束され、スイスで再収監されるのだが、刑はほどなく満了し、九〇年にアフリカ大陸に戻ったパラッツォーロは再びビジネスを始める。以来、ダイヤモンド産業や不動産への投資を続けていた。前述した二〇〇九年のイタリア裁判所による有罪確定後には国際刑事警察機構（ＩＣＰＯ）が指名手配したが、パラッツォーロは一九九五年に南アフリカ国籍を取得しており、同国政府はイタリアへの引き渡しを拒んでいた。

パラッツォーロは最終的に二〇一二年三月、タイのバンコクの空港で、ＩＣＰＯの指名手配に基づきタイ警察に逮捕された。香港旅行からの帰途で、タイ警察にパラッツォーロの入国を通報したのは、彼の動きを追跡していたイタリア国家警察だった。追跡といっても、パラッツォーロがインターネットのフェイスブックに自分で書き込んだ内容から彼の旅行予定が分かったというお粗末な話で、大物マフィア銀行家と呼ばれた男も油断したものである。

後に紹介する報道「マフィア・イン・アフリカ」によればこのとき、パラッツォーロのビジネス王国は南アフリカとナミビアでダイヤモンド関連企業四社、家屋や農場計三三か所、ナイトクラブ、ぶどう園、ミネラルウォーター製造会社までに広がり、パラッツォーロ系が所有している、または所有したことがある南アフリカとナミビアの不動産は四一〇〇万ドル（四一億円）相当に及ぶ。それに加え、アンゴラではダイヤモンド採掘権を保有する五つの会社がパラッツォーロの関連企業となっている。

イタリア・アフリカ各国記者連合

イタリアの大物マフィア関係者がこんなにもアフリカ南部に浸透し、富を築き上げていた経過を暴いたのは、イタリアとアフリカ各国の調査報道記者連合だった。イタリア側はフリーランス調査報道記者らが作る「イタリア調査報道プロジェクト」（ＩＲＰＩ）、そしてアフリカ各国の側は「アフリカ調査報道センター・ネットワーク」（ＡＮＣＩＲ《アンサー》）という二つのＮＰＯが中心になった。さらにはドイツの調査報道ＮＰＯ「コレクティブ」やイタリアのデータ分析ＮＰＯ「クアトロガッティ」が協力した。プロジェクト名は「マフィア・イン・アフリカ」。二〇一四〜一五年、七か月にわたりイタリアとアフリカ各国を駆け巡って現場を当たり、各国の情報源から証言と秘密資料を引き出した調査報道記者たちの成果は、長文記事六本と、いくつものインフォグラフィックスとなり、二〇一五年四月、ウェブサイトに掲載された。併せて関連公文書や秘密文書のファイルまでアップロードされ、読者は自由に参照、検証し、ダウンロードできる。

イタリア・アフリカ各国記者連合の記事によると、パラッツォーロの初期の投資としては一九八三年、南アフリカのワイン生産地であるケープワインランド地方での農場購入が不動産登記簿で確認できる。以後、彼は活発に投資を始める。この一九八〇年代、南アフリカでは白人政権がアパルトヘイトを継続して国際社会から経済制裁を受けていた。隣国ナミビアは南アフリカ白人政権が実効支配し、黒人解放運動が独立を求め闘っていた。アンゴラは一九七五年の独立後、東西冷戦を反映した内戦が激化し、「アンゴラ全面独立民族同盟」（ＵＮＩＴＡ）はアメリカ、南アフリカの支援を受ける一方「血のダイヤモンド」でも資金を得ていた。この三つの国にパラッツォーロは資金を投下し、ダイヤモンド産業と不動産への投資を続けていた。

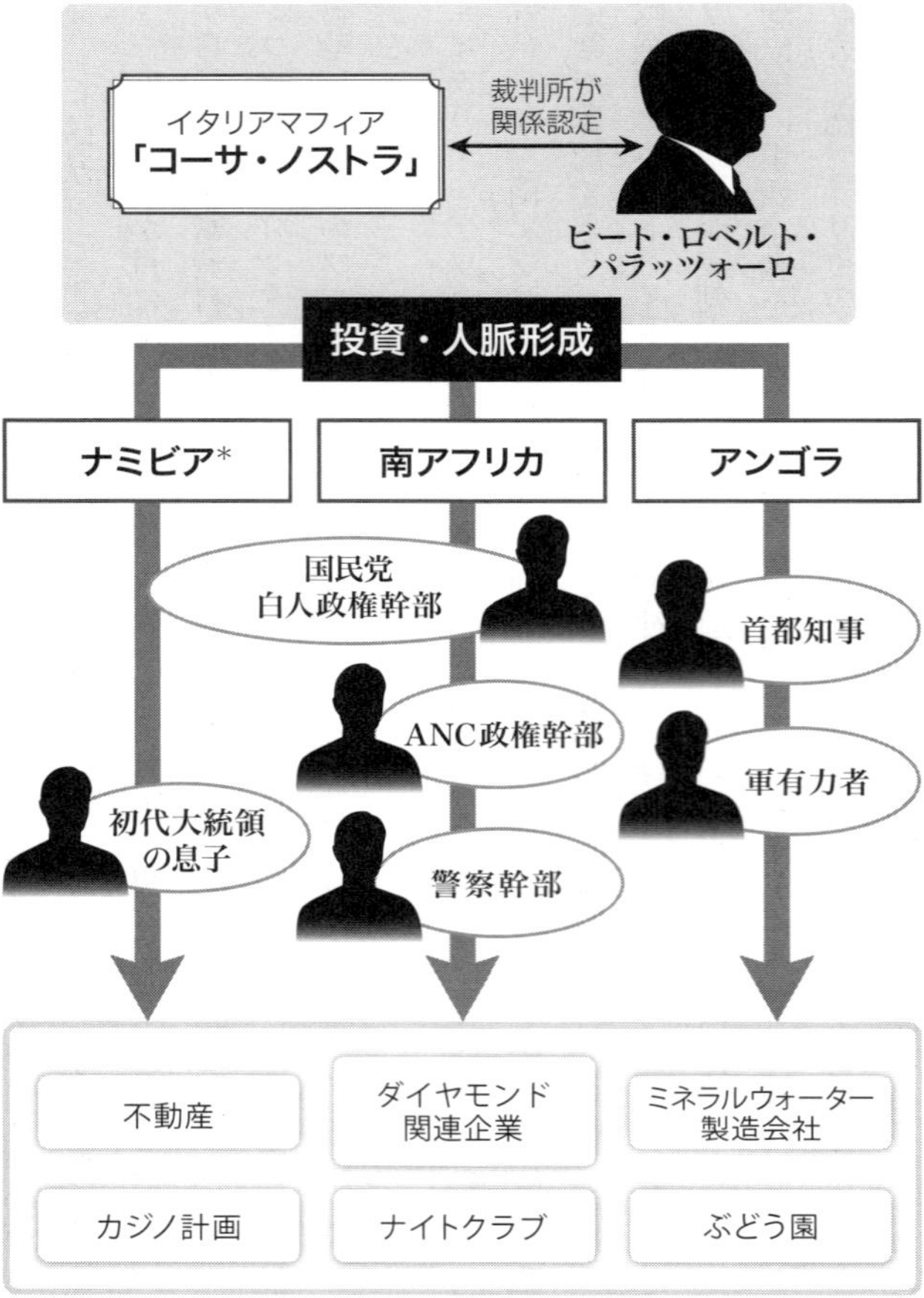

＊ナミビアは，南アフリカが1990年まで実効支配.

パラッツォーロのネットワーク

こうした場所での金作りには人脈が物を言い、そうやって得た金の力はさらにパラッツォーロのアフリカ人脈を太く大きく広げていくと記事は指摘し、有力者たちとパラッツォーロとの関わりを次のように挙げている。

● ピート・デポンテス（南アフリカの白人政権与党、国民党の国会議員）……マフィア関係者で前科前歴があるパラッツォーロが、南アフリカの在留資格を獲得するのを支援した。このことはイタリアの刑事裁判の判決文に記載されている。

● ルロフ・ピック・ボタ（アパルトヘイト末期一九七七〜九四年の一七年にわたり南アフリカ外務大臣）……デポンテスを通じ親交を深める。パラッツォーロの南アフリカ国籍取得を支援したと指摘されている。

● トーキョー・セクワレ（反アパルトヘイト活動家、南アフリカのアフリカ国民会議（ANC）政権の閣僚）……パラッツォーロが南アフリカに進出後、早い時期に知り合った要人の一人との指摘がある（セクワレ側は一切関係ないと否定）。ダイヤモンド産業をはじめ、多数の企業と関わりのある実業家でもある。

● ザッキー・ヌジョマ（ナミビア初代大統領の息子）……ナミビアのダイヤモンド産業など資源ビジネスに関わるなかで、パラッツォーロから資金調達をはじめとする協力を受けたと指摘されている。

イタリア最大のマフィア組織コーサ・ノストラによる南アフリカへの浸透に危機感を抱いたのが、当時のネルソン・マンデラ大統領だった。「大統領特命捜査班」(PITU)を組織し、捜査班長には厚い信頼を置く捜査官で大統領護衛官も務めたアンドレ・リンカーン刑事を任命する。密命を帯びたリンカーン刑事は身分を隠して犯罪組織周辺への「潜入捜査《アンダーカバー》」を敢行し、アンゴラにも入国する。リンカーン刑事が発見したのは、イタリアマフィアが両国の権力構造に深く侵蝕し、腐敗させていた実態だった。一九九七年一〇月、捜査班はタボ・ムベキ副大統領と治安担当大臣、法務大臣宛に捜査報告書を提出する。

イタリア・アフリカ各国記者連合は取材の中でこの秘密報告書までも入手した。ウェブサイト上の記事中にはPDFファイルがそのまま組み込まれている。赤裸々な内容だ。

「パラッツォーロやその協力者の活動は当初考えられていたよりもずっと複雑である。……パラッツォーロはコーサ・ノストラの財産管理において中心的役割を果たしている」

報告書は南アフリカ在住のマフィアメンバーとしてパラッツォーロ配下にいる八人のイタリア人の名を挙げ、さらに南アフリカの要人の中にも南アフリカ警察で組織犯罪対策局長を務めたC・N・ベンター警視監ら、パラッツォーロに絡め取られている者がいると指摘した。

報告書はパラッツォーロがアンゴラにも深く浸透していると指摘している。それによると、良質のダイヤモンド鉱山の採掘権を押さえた四つの会社を保有し、それぞれがアンゴラの首都知事や軍有力者らに結びついているというのだ。アンゴラの権力構造と強固に結びついているため、もはやマフィアを同国から引きはがすのは困難な情勢で、こうした企業群が彼らに多額の金を供給し続けていると報告書は指摘する。

リンカーン刑事は報告書の最後に「コメント」として訴えている。

「当捜査班とその捜査に対し、不信感を抱かせるとともに捜査を露見させようとする工作が、南アフリカ警察の一部職員によって集団的に行われている。この秘密捜査を暴露しようとする企てはこれまでのところ全て阻止してきたが、この先においても長期間これが可能であるとは考えにくい。そのため、本件の速やかな解決策につき、口頭でお示ししたいと考えている」

警察の腐敗にメスを入れようとする捜査官に、妨害工作が行われていたのだ。

この報告書を提出した四か月後の一九九八年二月、リンカーン刑事は詐欺や窃盗の罪で逮捕、起訴され警察を追われる。一審有罪を覆し、二審で無罪となって汚名をそそぐのは一一年後のことだ。

マフィアの国際化対記者の国際連帯

詳細極まる「マフィア・イン・アフリカ」の報道の中心にいたのが、「イタリア調査報道プロジェクト」(IRPI)に所属する二人のフリーランス記者、ジュリオ・ルビノとチェチリア・アネシである。IRPIはパナマ文書の報道にも参加したイタリアの組織で、数々の調査報道プロジェクトを手掛けてきた。「マフィア・イン・アフリカ」の内幕を、私は二人に尋ねてみることにした。

ジュリオ・ルビノ

ルビノは言う。

「これは国際的な問題で、世界各地の記者と協力体制を築かねばうまくいかない。マフィアは国際展開している。我々はいわば、それを真似てるわけだ」

ときどきタバコをくゆらせながら穏やかな表情で話すルビノは三六歳。IRPI創設者の一人で、もっぱらフリーランス記者として働いてきた。朝働くのはあまり得意じゃないと苦笑する。記者に宵っ張りの朝寝坊が多いことは日本でも感じる。ルビノは「文化かもね。IRPIの代表はベテランの元新聞記者なんだけど、新聞の印刷が終わる未明まで働くサイクルに慣れてた。今は印刷からネットメディアの時代になりつつあり、新聞社だってネット展開するけれど、その伝統がまだ残っているということかなあ」と言いながら、話を続ける。

「マフィアは各国に協力者を見つけ、そこの国にうまく入っていく。もともと（マフィアの根拠地として知られるシチリア島などの）イタリア南部はとても貧しく、海外に移民していく人が多い土地柄だ。そういうところからマフィアも海外に出るやり方を学ぶ。一方、海外での足がかりもある。海外生まれだがイタリア系で、かつシチリアやカラブリア、カンパニアの仲間とつながりを維持しているような人もいるからね」

シチリア、カラブリア、カンパニアはいずれもイタリア南部の地域名で、そしてマフィア組織の力が強いと指摘されているところでもある。

「記者として、我々はそうした国際化のやり方に追いつこうと努力している。大きなチームを作り、ともに働き、協力する。ある国ではこの情報が取れる、こっちの国ではこの情報が取れる、というのを重ねて、「マフィア・イン・アフリカ」の記事ができたんだ。二つの別々の情報が突然つながって特ダネになる。これはやってみないと分からないことだね」

チェチリア・アネシ

別々だと思っていた情報が結びつく――これは記者なら誰でも経

験することだ。情報のパズルのピースをつなぎ合わせてみる作業は、やってみなければどんな絵が浮かび上がるか分からない。ルビノの言う通りだ。

「それについて言うとね」

今度はチェチリア・アネシが説明する。

「南アフリカ、ナミビア、アンゴラの三か国の場合、アフリカ現地の記者仲間が既にいろいろな情報を入手していた。マフィアがこれらの国に、現地の各政府に、どれだけ浸透していたかということ。アフリカの記者仲間との協力は本当に貴重なもの」

アネシは二九歳の女性記者。二〇〇九年に記者として活動を始め、主にルビノと組んで調査報道に取り組むフリーランスだ。この日は風邪を引いているとかで、声はひどくかれている。声だけ聞いていると陽気なスナックママと英語で話しているような風情である。

「例えばナミビアの記者のジョン・グローブラーね。ジョンはパラッツォーロを長年追っていた。そこにイタリアのことをよく知っている私たちが加わる。ジョンは「ナミビアではこうなってる、ここに行ってみろ、この会社登記を調べろ、こういう情報もある」となるわけ。そしてなんといっても彼はパラッツォーロ本人に会ってるからね」

ルビノとアネシはこれらアフリカの敏腕記者たちを最初から知っていたというわけではない。

つないだのはOCCRPだった。中東欧・中央アジア拠点の国際調査報道組織「組織犯罪・汚職報道プロジェクト」——アゼルバイジャンの携帯電話会社問題で大活躍した、あの組織である。

OCCRPとこの二人は既に別の共同取材でつながりがあった。そこで相談を受けたOCCRPは二人に、南アフリカの調査報道記者、ハディージャ・シャリフェを紹介した。このシャリフェ記者が所属していたのが前述の「アフリカ調査報道センター・ネットワーク」(ANCIR《アンサー》)。ここに所属するアフリカ各国の記者が、今回の「マフィア・イン・アフリカ」プロジェクトのアフリカ側の参加者ということになる。

「イタリア・アフリカ各国記者連合」はこうして形成された。

木を見て森も見る

ルビノは言う。

「ナミビアのジョン・グローブラーは現地のパラッツォーロ関係企業を調べていた。その彼も、イタリアでパラッツォーロがどうやってのし上がったかまでは知らない。パラッツォーロはドイツでも活動した時期があり、そこが南アフリカに展開する基盤になっている。ドイツで宝石産業に関わったんだ。そのことはドイツの調査報道記者仲間たちが調べている。でもこっちはこっちで、アフリカとつながるとまでは分かっていなかった。これらの事実をつなぎ合わせること、そこが我々の最大の強みとなった」

各地の記者が地元を細かく調べれば、具体的な事実関係を詳しくつかむことができる。だがそのままでは「木を見て森を見ず」のニュースになりかねない。各地の記者が協力し連合すれば「森」の姿も浮かび上がってくる。

「ジュリオの言う通りよ」とアネシ。「イタリアではほかにも大勢の記者がパラッツォーロについて報道してきた。でも誰もアフリカには行っていない。私たちの場合、アンゴラで企業登記などの記録文書をハディージャ（・シャリフェ）が大量に押さえていた。それを見ると、パラッツォーロが九〇年代のアンゴラに関心を持って投資した、数少ないうちの一人だということがよく分かる」

内戦、和平、内戦再開を繰り返していた当時のアンゴラだ。普通の投資家は手を出さない。

「パラッツォーロがアンゴラ内戦期にいかにダイヤモンド鉱山を開拓していったか、これらの記録は示してる。この時期のアンゴラに手を出す根性があった希有な投資家ってわけ。ダイヤモンド鉱山に関係すれば誰だって、反政府勢力に攻撃される」

アンゴラ内戦当事者で、ダイヤモンド鉱山を資金源にしていた「UNITA」のことだ。アメリカや南アフリカの支援を受けていた側の組織だ。

「でも、パラッツォーロは武装勢力を恐れる男じゃない。もちろん彼の側にも武器があるし。そしてアンゴラ政府の重要人物を自分たちの鉱山運営会社の役員に（九〇年代半ば以降）迎え入れた。イタリア最大の軍事企業「フィンメカニカ」とイタリアの政治家が（二〇〇九年）アンゴラを訪問したときも、パラッツォーロは重要な役割を果たした。このフィンメカニカの幹部というのが、後に会社を辞めて検察にこのことを話すわけ」

それが検察への取材でアネシやルビノの耳に入ったということらしい。イタリア検察としてはそれほど興味はなかったのかも知れないが、調査報道記者としてはイタリアマフィアとアンゴラ政府の密着ぶりを示す重要な情報となる。

アフリカを駆け回る

アネシは言う。

「記者同士の結びつきということで言えば、もちろん、私たちがアフリカ入りして現場を取材して回るときにも、ハディージャ（・シャリフェ）の支援があった。とても重要な協力だった」

取材して回ると一言で言うほど簡単ではないことは明らかだ。ルビノが振り返った。

「南アフリカ、特にヨハネスブルクでは、ヨーロッパの普段のシティライフとは違う。このことに慣れなきゃいけなかった。街に出て人々に質問をするということが、ヨーロッパよりずっと難しい。南アフリカの場合、公的機関ではない人で取材に応じてくれそうな人を探すにはまずネットで調べる、というやり方に慣れなければならなかった。ヨハネスブルクでは街に出て歩き回るということ自体が到底、安全とは言い難いという治安の問題もあるんだけど」

実際、日本人のマスメディア特派員もヨハネスブルクで強盗などの犯罪被害に遭っている。

「もう一つ、イタリアでは警察のマフィア対策部門が非常に強力で、非常に信頼性が高い。マフィアについて調査するなら、彼らが取材に応じてくれる。何でもかんでもとは言わないが基本的に信頼できる。組織犯罪について報じるとき、信頼というのは極めて重要なんだ。だけど、南アフリカにはそんなふうに信頼できる公的機関があるのか分からなかったから、南アフリカの警察や検察からはほとんど話を聞かなかった。例外は、ハディージャ(・シャリフェ)が紹介してくれた人だ。彼女は誰が信頼でき、誰とは接触しない方がいいか知ってるから」

警察内の変な人物に接触してしまうと、記者の動きが犯罪者に筒抜けになってしまう、ということが、警察が腐敗している場合には起こりうる。

「もっと言えば、南アフリカでは悪い連中によって電話盗聴や行動の監視が行われている恐れがある。彼らは例えば民間企業が持つ電話傍受の機能にアクセスできる。そんなこんなで、信用できる人を探すのが難しい、自由に動き回るのが難しい、得た情報について公的機関で確認を取るのが難しい」

そこにアネシも加わって例のしわがれ声で言う。

「それに私たちは財源が限られているのよ。例えばナミビアにあるパラッツォーロの農園を見に行こうとしたんだけど、車で軍用道路とか私道とか三時間走って、田舎の……田舎というよりありありゃ荒野だわね。ところがちょうど雨期が迫っていて、気をつけろと言われるわけ。いったん降り出したら四輪駆動車以外でこの道の向こうに行っちゃいけない、道は川と交差していて、今は川に水が全然ないから渡れるが、降り始めたら水がいっぱいになり、渡ろうとすると四駆じゃないと車が駄目になるって」

ルビノが補足する。「川はあっという間に水でいっぱいになる。二つの川に挟まれたところをフォルクスワーゲン・ポロみたいな小さな車で通っていたらどうなるかってことだよ」

ポロは排気量一二〇〇〜一四〇〇ccクラスのコンパクトカーで、街乗りには快適だが、荒野を駆る四輪駆動車とは対極に位置するような車だ。そんなタイプの車でナミビアに長距離取材をするのは無茶にも思える。

「お金がないのよ」とアネシ。「フリーランスでいることの問題はそれ。それでパラッツォーロの農園の前までは行ったのよ。だけどそこで帰るしかなかった。というのは嵐が接近していたので。しょうがない、帰った方が良さそうだと。お金があったら農園の中にも入り込んでみられたんだろうけどね。

企業登記書類を取得するお金もなかったのだけど、これはＡＮＣＩＲが取得してくれた。こういう他団体との協力が肝心」

調査報道と警察リーク

マフィアと政府権力者、軍、警察が絡まり合った腐敗は、外からは見えないことの方が多い。鍵を握るのは、内部事情を知る情報源の存在だ。イタリア・アフリカ各国記者連合の記事にはそこかしこに「……とみられている」「……との疑いが持たれている」という表現が入っている。事実を記者が直接証拠で確認した場合なら断定的に書ける。そうではなく、関係者——例えば捜査機関や行政機関、あるいは告発者——がそのように指摘しているときの表現だ。

正直なところ、捜査関係者からの情報にかなり依拠しているということだろうか。

「私たちはとてもいい情報源を持っている」とアネシ。ただ、この記事の情報源が何らかの当局なのか、それ以外の関係者であるかを含め、機微に触れることは明らかにしない。あくまで一般論として、ルビノは言う。

「他の国ではこれほどか分からないけれど、イタリアでは警察とジャーナリストは協力することができる。マフィア対策当局は長年、警察のルールの拘束を受けない立場の情熱ある人々と協力することが有益だと確信してきた。例えば、私たちの二〇一六年八月の記事ではマフィアによる南米からの薬物密輸を取り上げたのだが、警察はこの記事を参考にして多くの情報を得た。だからこれは情報交換なんだ。彼らは我々が何か発見することを期待し、自分たちが行くわけにはいかないところについて情報提供してもらいたいと考える。

警察は「我々にはこれとこれが分かったが、直接調べられないから証明はできない」と言いたいんだ。「自分たちは行けないから見てきてくれないか、記者は警察より自由だろ」という意味だね。そして、この種の報道をする際には、こうした協力はとても、とても重要だ」

こういう発言は日本の取材現場ではなかなか聞かれない。記者と警察は基本的には立場が異なり「記者は警察を監視する立場でなければならない」という原則が、少なくとも建前においては、強く意識される。一方で現実面では、事件報道が警察の目線に基づきすぎているとの指摘も根強い。いずれの点からも、「協力」などと無前提に口にすれば相当な批判もありうるだろう。やや戸惑う私に構わず、フリーランスの調査報道記者ルビノは続ける。

「このことには双方に重大な責任が伴う。我々はジャーナリストであって、捜査を危うくするべきではない」

捜査情報を何でも書いてしまうとマフィア側にヒントを与えて捜査の支障になるし、捜査官を危険にさらすこともある。一方、市民に真に知らせるべきことでも、捜査側からすれば「捜査妨害」となることもあるから難しい。

「マフィアの重要人物が最終的に警察に捕まり、投獄されることの方が、我々がジャーナリズムの賞をもらうより重要なことだ。だから、我々は何を書くか、どう書くかに慎重だ。逆に警察も、我々の取材にどういう情報を提供するかについて責任が求められる。捜査への支障がありすぎず、しかし意味はあるものでなければならない。双方が責任を持ち賢明でなければならない。こうした協力はとても、とても重要。もっと世界中で行われてほしいと思う。だが他国の記者から聞くと、記者が警察に遠慮なく話し、警察も記者が記事に必要としそうな情報を話す、というような国は多くないみたいだね」

少なくとも、記者と警察が「協力」という発想を、記者の側が表だって明らかにする国は多くないだろう。一方、警察の側としては、ルビノやアネシたちフリーランスよりは大手報道機関の記者との関係を重んじることはないのだろうか。

しわがれ声のアネシが説明する。

「イタリアの大手メディアにも、マフィアを何年も取材している記者がいて、とても尊敬されている。警察官も検事も、彼らと話したい。ただ大手メディアにとって、この手の話はあまり面白くない。記者をこんな話に例えば六か月も従事させるような余裕はない。だからこういう調査取材をするのはいつもフリーランス」

確かに、日本でも暴力団の詳細な話は新聞やテレビより、フリーランスの活躍の場でもある雑誌に掲載されることの方が多い印象だ。そういう記者がイタリアでは捜査当局者にも食い込めるのだろうか。

「それほど知られていない記者にとっては、警察官でも検事でも、最初に話をするときは大変なのよ。二回目はちょっと良くなる。三回目、四回目、五回目とだんだん分かり合ってきて、相手も記者がどんな記事を書いてきたかを知って、信頼ができてだんだん打ち解けてくる。最後には、こういう仕事の背景を持つフリーの記者の方が、大手メディアの記者より話をしたい相手になる。私たちは本当に独立しているからね」

こうした警察と記者の「協力」には、しかし同時に癒着やなれ合いの危険があるのではないだろうか。警察の違法捜査を指摘したり、逆に捜査の怠慢を知らせたりすることは記者にとって極めて大切な仕事だ。警察との関係がズブズブになってそれができなくなる、ということでは何のための調査報道記者か分からない。この点を指摘すると、ルビノははっきりと話す。

「その問題を解決するためには、実際に行動に移すのは大変ではあるけれど、考え方としてはとても単純だ。彼ら警察官も他の取材先と同様に扱う、ということだ。信頼できる情報源でなければ、聞いた内容をそのまま受け取ることはできない。警察の多くの人と話をするとはいえ、全員を信頼するということはない。相手を知れば知るほど、その信頼した相手には情報を我々からも提供する。

もちろん、何かのきっかけで警察の不祥事とか、警察官がマフィアから金をもらってるとか、そういう話を聞いたら、もちろんそのニュースも裏付けを取っていく必要がある。二〇一六年の薬物密輸の話では、マフィア側からの話も聞いていて、警察から聞いた話とはだいぶ違う。取材相手に対しては、同じようにジャーナリズム倫理に基づいて同じように取り扱わなければならない――全ては一つ一つ個別に確認を取り、誰かを全面的に信頼するということはしてはならない。真実を追求するためだ」

ジャーナリズムの第一の責務、それは真実だ――という、アメリカの本『ジャーナリズムの原則』(ビル・コバッチ、トム・ローゼンスティール共著)の最初の項目を思い出した。世界中で読まれているジャーナリズム倫理の金字塔ともいえる書だ。そのためには一つ一つ事実を確認し、書いていく。そうすることこそ、権力から独立して良い報道をし、市民と社会に貢献する道だということだろうか。

「我々は警察の広報係じゃないし、警察から相談を受けて調査する立場でもない。全くそんなものではない。ただただネタを追っている。そしてどんな取材相手にも我々の報道倫理を同じように適用する。さっきも言ったように「言うは易く行うは難し」だけれど、できるだけそうしようとしている」

検事と記者と裁判記録文書

このマフィア・イン・アフリカの記事(二〇一五年四月)には、パラッツォーロらに対する過去の刑事裁判から引用したという内容が多くある。例えばパラッツォーロが南アフリカの在留資格を得る際にデポンテス国会議員が支援したことだ。イタリアだけでなくスイスの判決やイギリスの裁判記録文書も根拠として使われている。スイスの裁判所が一九八五年にパラッツォーロに三年の刑を言い渡した判決に至っては、判決書全六八ページそのものが丸ごと記事のウェブサイトに貼り付けられ、誰でもダウンロードできる。

裁判の記録は刑事、民事を問わず、英米はじめ各国で調査報道の重要な資料として活用され、ジャーナリズムの教科書には閲覧、謄写の仕方が説明してある。調査報道記者としてアメリカの「調査報道記者編集者協会」(IRE)事務局長も務めたミズーリ大学ジャーナリズムスクール名誉教授のスティーブ・ワインバーグは著書『記者のハンドブック』(未邦訳)で「訴訟記録は、その裁判とは関係がない記事に使える資料の山を提供してくれる」と活用を勧めている。

だが、日本では裁判記録の謄写は許されず、閲覧さえも様々な制限がある。

「イタリアでは判決文は公開されているから、問題ないわね」とアネシ。「でも判決文以外の書類はそこまで明確じゃない。欧州連合(EU)はヨーロッパ各国に対し、透明性を高め、裁判書類全てを市民が見られるよう求めてるんだけど」

ルビノが補足する。「曖昧なんだ。公開されてるわけではないが、秘密でもない。正当な利害がある人は誰でも閲覧を求め、書類を得ることができる。それには記者も含まれる。裁判記録を読むことが職業上の利害となるわけで、記者であること自体が「正当な利害」の根拠になる。裁判は公開であり、その流れを知ることはイタリア市民みんなの利益だ。だから記者として、裁判を追い、その全てを知るということに正当な利益が発生する」

つまり記者であれば、必ず裁判の記録を閲覧、謄写できるということなのだろうか。

「でもね」とアネシが釘を刺す。「イタリアは日本みたいにきちんとしてないの」

いや既に日本よりずっと情報公開度は高いと思うが……。

「役所に行って請求すればいいってわけではないのよ。検事と人間関係を築かないといけない。実際に、この文書に関心があるってことを見せないといけないわけ」

それは確かに曖昧なことだ。

「通常は検事に面会を求めて、なぜこの文書がいるかを説明する。断られたのはこれまで一回だけだけど、それはその検事が記者には一切文書を見せたくない人だったからで、私たちがどうだったという問題じゃない。普通は会って話せば大丈夫。そして一度会えば覚えていてくれるから、二度目は足を運ばなくても大丈夫」

とはいえ、裁判書類をそのままネットに出すことは「微妙」だという。英米では裁判書類は完全に「パブリック」、つまり公開公表されているものという前提なので、アメリカの大手メディアがウェブサイトに起訴状のPDFをアップロードしたりするが、そこまではないということになる。特に、盗聴捜査が頻繁に行われるイタリアで、その盗聴記録の中身が丸ごと報道で暴露される場合にトラブルが起きやすい。イタリア政府内に盗聴の中身を報道することを法で禁じようとする動きが出て、国際社会や人権団体から報道抑圧だとして批判を受けることもある。マフィア・イン・アフリカの記事でも、英米でよくみられる裁判記録文書の直接引用より、概要をかみ砕いて書いてあることの方が多いのはそんな影響もありそうだ。

その上で、ルビノはそれでも「ただ、我々は皆が文書の現物を見ることができることがとても重要だと考えている」と、少なくない資料をアップロードした理由を話す。

「いろんな記者が協力しての取材報道という考え方とも関係あるのだが、我々の調査報道を他の記者がさらに引き継ぎ発展させてくれることを望んでいる。そのためできるだけ多くの資料を提供したい。それを使ってより良い調査報道をしてくれる人がいるなら、それほどうれしいことはない。世界的な記者の協力の一環でもありたい」

マフィアから記事を守る

マフィアの取材、それもアフリカでの調査に危険は伴わないのだろうか。

「南アフリカのケープタウンでは危ない目に遭ったけど、それはマフィアと関係ない」とアネシ。「小物の犯罪者がいたってだけ。夜、バーとかカフェとかがある通りの近くに車を停めたところで、フードをかぶった男たちが車に駆け寄ってきた。強盗しようとしたわけね。すぐ車に乗り込んで逃げたけど、これはロンドンで土曜の夜とかに起きるのと同じこと。単に南アフリカの治安の問題で、マフィアから危険な目に遭わされたことはなかった」

では、イタリアでマフィアの取材をするときはどうなのだろう。ルビノが説明する。

「この手の記事を取材している場合には、危険はまあないと言っていい。パラッツォーロのような大物について、しかもこんな国際的な視野で書く場合、彼らが記者を攻撃するなら法的手段を使うだろう。

マフィア取材が生命身体への攻撃を伴う場合は確かにあるけれど、それは(ローマ拠点の)我々と違い、イタリア南部で取材する記者たちの場合がずっと多い。物理的な脅しは立場の低い、小物のマフィアがやるんだ。小物は頭に来たら街なかで記者にかかってくる。同じ街に住んでいて、危険に巻き込まれるということだね。

だけどマフィアが支配しているようなエリアから遠く離れたイタリア中部に住んでいるなら、よほど例外的な場合でなければ、記者を殴ったり銃撃したりを大物が命令することは考えにくい。マフィアを批判したその記者を宣伝してやるようなものだからね。もしも記者が脅されたり襲われたりしたら、メディア界はその記者の仕事をずっと真剣に取り上げるだろう。誰もが記事を再掲して、広く知られることになる」

マフィアにすれば逆効果というわけだ。ではイタリアマフィアは記者に何ら手出ししないのだろうか。

「彼らは金を使うんだ」

記者に？

「いや、政治家だ。彼らが支配下に置いている政治家がいる。そして、政治家が新聞社に影響力を持っていることはとてもよくある。で、記事がいつまでも出ないとか、仮に記事が出たら別の新聞にそれを否定するような内容の記事が大量に出るとか、そういうことが起きるわけ。例えばマフィアと薬物密輸の話でマフィアに取材したら、事実無根で自分は潔白だと主張するんだ。嘘をついてるんだけどね。で、潔白だと言いながら「元防衛大臣に頼んで、記事を潰したことがある」とか言ってくる。

あるいは、政治家の影響力を使って記者を動かし、とんでもない記事を掲載させる。一般読者はどの記者が正しく、どの記者が間違っているかなんて分からないからね。ずっと洗練された記事の潰し方だろう、暴力を使って記事の宣伝をしてしまうより」

マフィア・イン・アフリカの記事は幸い、そのような目に遭うことなく発表された。大手メディアもこれらの記事を使ったのだろうか。それによって社会への影響も違いそうだ。アネシが答える。

「イタリア最大のニュース週刊誌の一つ、エスプレッソ誌が掲載してくれた。だから大手メディアが注目してくれたということになる。でもテレビが相手にしてくれたのは、パナマ文書の件があった後ね」

ルビノが補足して言う。

「エスプレッソだけじゃないよ。新聞だとファット・クオティディアーノ紙も別の記事を載せた。オンラインではイタリア最多の読者がいる新聞だ。いずれも協力的で、エスプレッソの編集者は記事の短縮版を作るのに大いに力を貸してくれた。そうでないと量が多すぎたからだけどね」

大手メディアが全てではないが、影響力は大きいだろう。

「一つ誇りに思ってるのは、警察は我々が報道した内容を重くみて、捜査の継続を決めたことだ」とルビノ。では一般市民にとってはどうだろう。

「我々の報道は世の中の人たちの考え方を変えていると思うけれど、これは調べようがないよね。人々が我々の記事を読んで、マフィアのことを考えて、そして世の中に対する見方を少し変えてほしい。そうなってると言い切ることはできないけど、そう願ってる」

金がないなら手をつなげ

ルビノやアネシたちイタリアの記者とともにマフィア・イン・アフリカを成し遂げた共同取材相手、アフリカ各国の調査報道記者の事情はどうなのだろうか。彼らを束ねたＡＮＣＩＲ編集長のアマンダ・ストライドムが話してくれた。彼女は南アフリカの大手紙メール・アンド・ガーディアンの記者も経験した三〇歳のジャーナリストだ。

ＡＮＣＩＲの最近の成果は、多国籍企業がアフリカ各国で採鉱作業員に劣悪な労働環境を強いている問題を報じたプロジェクトだという。

「これはケニアとかエチオピアとか、アフリカ東部のことで、南アフリカに留まっていたのでは書けない。それぞれの国で幅広いつながりを持つ人たちとの共同、協力の作業が必要となる。そういうこともせず「現場に来てみました、記事を書きたいと思います」っていうんじゃまるで駄目。地元の地域に詳しい人、現場の村に知り合いがいそうな人の力を活かすこと。それが私たちの重要な協力」

現在ＡＮＣＩＲに参加しているメディアは二二あるという。

「ただ、共同取材には参加せず結果を報道するだけというメディアもある。逆にしっかりした調査取材ができるメディアもある。データジャーナリズムの訓練を積んだところもある。そうなるために努力中のメディアもあって、私たちが研修して支援することが必要になる」

データジャーナリズムとは、大量の統計を分析し、そこからニュースを発見する手法をいう。注目された例の一つが、アメリカ・ネバダ州のラスベガス・サン紙が二〇一〇年に手がけた報道だ。州内全ての病院が患者に出した請求書を一〇年分、二九〇万通にわたり情報公開制度で入手、ラスベガス市内の状況を分析し、本来防ぎ得た医療事故が厖大にあると報告したのだ。二〇〇八〜〇九両年だけで九六九件に上り、病院の名前ごとに事故の種類別件数などが記され、読者に提供するとともに、重要なケースは本人や遺族に取材し、実名とともに具体的なストーリーを記事にしている。インフォグラフィックスや表もついて、同市の医療監督行政の在り方に問題を投げかけた。

データジャーナリズムには、データをどう得るか、分析の仕方、それを人間味のある、人の顔を持つ記事に仕上げるにはどんな取材が必要で、どう書くか——幅広い知識と経験が必要だ。

「データジャーナリズムに興味がある若手の調査報道記者がいたら、私たちに連絡をしてくれれば研修する。初級も上級もある。訓練を積んで〝データ・ニンジャ〟になるってわけ」

データの忍者というのは変な表現だが、英語でたまに耳にする。不思議な日本のニンジャのように、あっと驚くデータの取得、分析技術を持つ者ということらしい。

「指導するのはその道の達人たち。例えばケニアにはデータ入手が最高に得意なチームがあるから、彼らに指導役になってもらう。私たちの重要な仕事は研修。データジャーナリズムは大変よ。ケニアでも不動産登記簿の管理がいい加減で、倉庫に乱雑に積み上げてあるだけということがある。そんな状態だから、電子データの形でもらうのは大変。

最近、データ分析NPOの「コード・フォー・南アフリカ」と組んで、南アフリカの結婚離婚統計分析で成果を上げた。そのとき南アフリカ政府統計局は統計は出したけど、これがPDFだった」

データジャーナリズムをやるなら、統計を電子データで入手できるかどうかは死活問題だ。紙の資料しかない場合、エクセルなど表計算ソフトで分析するため数字を全部手打ちで入力する覚悟が必要だ。PDFファイルは通常、そのままではデータとして読み込めないから、紙の資料をもらうのと変わらない。日本でも、取材で公共機関から資料を渡されるとき、紙かPDFということがある。役所の元データがエクセルの場合「エクセルのデータで交付してほしい」と要請する。「そういうことはしておりません」と断られたら、手打ち地獄が待っている。

「それそれ、「そういうことはしておりません」ね。よく聞くセリフ」とストライドム。「私たちの場合、そこで、コード・フォー・南アフリカのアディ・アヤルが率いるすばらしいチームの出番。彼は〝データ・キング〟。彼にメールして「五〇〇ページもあるPDFなんだけど、どうしよう」と相談するでしょ。そしたら「じゃあ送って」。で、いろんなプログラムを使って、あっという間に統計処理できるデータベースの形に変換してしまう」

こうした変換をはじめとする技術を「データ・クレンジング」という。最近、データジャーナリズムや調査報道の世界では大人気の技術だ。

あの手この手で取材支援

「私たちは記者にささやかな取材費も提供する。あとは「検察官役デスク」を派遣する」

検察官役デスク？　それはメディア弁護士《ローヤー》のようなものだろうか。

「違う違う。メディア弁護士は報道機関が訴えられたら守ってくれる弁護士のこと。検察官役デスクもメディアの法律に詳しくなくてはいけないけど、訴えられたりする前に防護壁を作る人のこと。原稿に「ムガベ(ジンバブエの大統領)が土地を奪った」と書いてあったら「そう書ける証拠は？」と問いただす。「アマンダは金を盗んだ」と書いてあったらやはり「そうまで書ける証拠は？」と問う。誰かが訴訟を起こす前にね。その上で、メディア弁護士にも見てもらって、どうすればいいか話し合う。これを経なければ、記事でこうした指弾はできない。これが検察官役デスクの仕事」

記者同士の連携、データ処理、記事のチェックと多岐にわたる国際協力を仕掛ける価値は、どこにあるのだろう。

「記事を出したければ、これが唯一の方法なのよ」

ストライドムは言い切った。

「アメリカではそんなことはないかも知れない。大きなプロジェクトを成し遂げられる編集部だってあるでしょう。でもアフリカにはそんなものはない。調査報道ができる人たちは各地に散らばっていて、それを束ねられる私たちの存在が大切になる。つまり、他の仲間の持っているもの、知恵や経験を頼りにしながら仕事をする。ここアフリカには汚職や腐敗、悪事がたくさんある。お金は不正に使われている。こうしたニュースは伝えられなければならない」

アフリカ大陸には五五の国と地域がある。取材環境が良くないところもあるはずだ。

「報道の自由に差があることも考えに入れないといけない。例えばウガンダのメディアが私たちに加わろうとする場合は……」

ウガンダでは記者に対する抑圧が長い間、問題となっている。

「彼らを危険にさらさずにできることは何か、真剣に検討する。記者が投獄されたり、政府の取り締まりを受けたりしてしまった、というわけにはいかない。ウガンダのジャーナリストの中には、記事を書くたびに逮捕され、殴る蹴るの暴行を受け、「二度とこんな記事を書くな」と警告されて釈放される、ということを繰り返していた人もいた。彼は、家族と過ごすより獄中にいる方が長いような状態になって、もう無理だと判断しケニアに出国してしまった。ところがケニアでも今、メディアの自由に対する締め付けが厳しくなり始めている。

逆に、政府の息が掛かったメディアが懐柔や情報収集の目的で私たちのところに入りこんでくるということにも気をつけなければならない」

報道の自由の状況を国ごとに詳しく知り、慎重に判断する必要がある。

「言葉の問題も大きな障壁になる。アフリカと一言で言っても、使われる言語は英語のほかフランス語、スワヒリ語、ポルトガル語、スペイン語……私の言葉は英語だけど、だからといってフランス語圏のチュニジアやマリの記者に英語で書いてくれとは言えない。ということはＡＮＣＩＲもフランス語の編集者が必要。記事ができるだけ多くの言語で読まれてほしいと考えると、英語、フランス語、スワヒリ語と、たくさんの編集者が要る」

アフリカ大陸で使われる言葉は、日本の外務省によると「主要言語」だけで五〇近い。アフリカ全体にまたがるジャーナリズム組織が、多くの人に読まれる記事を出すにはどういう言語を用いればいいのか。それに言葉がいろいろあるということは、文化やものの考え方も国によって大きく違うのではないだろうか。

「これも大変。国によってジャーナリズムに対する見方も違う。記者はスパイだという人々もいる。記者なんて正業とは言えないという人々もいる。それぞれの国で、記者の仕事は大切だといわれてるのか、クズだというのか、理解することはとても大切。

記者から「尾行されてるようだ」とか「電話が盗聴されている」「メールが見られてるようだが……」と言われたときどうするか、その記者の国の政治状況を考えなければならない。南アフリカだったら比較的メディアの自由があるから、笑って「気にしすぎだよ」とも言えるけど、ウガンダとかアンゴラとかジンバブエだったら、とても深刻に受け止めなきゃいけない。その記者が突然姿を消したらどうするか、ということを考えておかなければならない」

各地に勃興する国際調査報道組織

ＡＮＣＩＲやＯＣＣＲＰのような国際調査報道組織は世界各地で勃興している。「アラブ調査報道記者協会」(ARIJ)はヨルダンの首都アンマンに事務局を置いてアラブ諸国の調査報道記者をつないでいる。「環境調査報道オックスペッカーズ・センター」はアフリカの環境問題を調査報道する。環境といっても科学ネタにとどまらず犯罪ネタとも深い関係がある。希少動物の密猟や鉱山開発の環境汚染となると、陰で犯罪組織が絡んでいることが珍しくないからだ。中南米各国の調査報道記者を結ぶのはコロンビアを拠点にした「コネクタス」。マフィア、薬物犯罪という、同地域の深刻な問題を、国境を越えエリア全体を視野に置いて報道する。

コネクタスが二〇一四年に手がけたのが「フェミニシディオ」キャンペーンだ。スペイン語で、女性を狙った殺人を意味し、特に男尊女卑や性差別の発想が根底にあるものを指す。典型は強姦殺人だ。さらに「女のくせに」「言うことを聞かぬ女なんて殴ればよい」という男が女に暴力をふるい、命を奪う結果になった場合も当てはまる。コネクタスはこれら「女性を狙った殺人」問題を中米のグアテマラ、エルサルバドル、ホンジュラスを結んで取材した。この三か国では女性殺害が多発しながら捜査が十分に行われず、しかも根拠もなく「被害を受けた女の方は、犯罪組織や薬物などに関わっていたのだ」と中傷されがちだという実態を告発した。

コネクタスには中南米の一五か国から一四〇人以上の記者が加わっている。各国の記者に調査報道の手法や知識を提供し、会社や国の壁を越えて共同で調査報道するプロジェクトを推進

ジャックリーン・ストレンプ

している。

「中南米では多くの問題が国境を越えてつながっている。国境を越えた協力をしなければ、大事な話を見過ごしてしまう」

こう私に説明するのは、コネクタスをはじめ世界各地のジャーナリズム組織を支援するアメリカのNPO「国際ジャーナリストセンター」（ICFJ）のジャックリーン・ストレンプだ。

「コネクタスが伝えた女性の殺害の問題では、グアテマラ、エルサルバドル、ホンジュラスの三か国に多くの共通点がある。ただ一つの国のことではなく、三つの国を合わせて考えることで伝わる情報はぐっと違ってくる。ラテンアメリカでどれほどの女性が暴力を受け殺されているかということを示すわけ。単にグアテマラでは女性殺害がこんなに多いね、というのとはだいぶ違う」

こうした共同取材だけではない。アフリカのANCIRなどと同様、記者に情報公開制度やデータジャーナリズムの研修をし、知識と技術を高めることもＩＣＦＪの任務だ。研修に参加できる記者は少なくても、参加者が自分の新聞社やテレビ局に経験を持ち帰れば、それぞれの職場にいい影響が出てくると、ストレンプは強調する。こうしたノウハウは他人に授けても自分の持ち分が減るものではない、むしろ共有し話し合うなかで何倍にも増えるのだと。

研修の機会は他国記者との交流の場でもある。

「全く違う状況で働く記者たちは全く違う考えを持っていて、まとめるのはとても大変。でも、活き活きとした議論が起きる。共同で仕事をすることは本当にジャーナリズムを改善すると思う。記者たちに協力の価値を分かってもらい、そのために考え方の違いをいったん脇に置くという考えに立ってもらうことは簡単ではないのだけれど」と言いつつ、ストレンプは強調する。「全てが世界規模でつながり、どこにでも飛行機ですぐ行けるこの時代、記者も同じように世界規模のつながりを持った仕事をすることは本当に大切なことだと思う」

3　殺される記者　訴追されない犯人

ケンジ・ゴトウの勇気をたたえよ

日本人フリージャーナリストの後藤健二を殺害したという映像がインターネットに発表されたのは二〇一五年二月一日(日本時間)の早朝である。「イスラム国」(IS)と名乗る中東の過激派組織による行為だった。同組織は自分たちとの対決姿勢を取るアメリカやイギリスなどの各国、いわゆる「有志国連合」と日本が協調してテロ対策を支援していることを非難した。

後藤は紛争地帯の取材経験が豊富なビデオジャーナリストで、内戦が続くシリアにも入り、映像をテレビ局などに提供していた。ISの支配地域に入ったのは前年一〇月で、シリアで拘束されたと伝えられた知人の湯川遥菜を捜しに行ったとみられている。湯川は、後藤が殺される約一週間前に殺害されている。

後藤を殺害した映像が発表され、日本の安倍晋三首相は二月一日、声明を発表した。

1．湯川遥菜さんに続いて、後藤健二さんが殺害されたと見られる動画が公開されました。

御親族の御心痛を思えば、言葉もありません。政府として、全力を挙げて対応してまいりました。誠に無念、痛恨の極みであります。

2．非道、卑劣極まりないテロ行為に、強い怒りを覚えます。許しがたい暴挙を、断固、非難します。テロリストたちを絶対に許さない。その罪を償わせるために、国際社会と連携してまいります。

3．日本が、テロに屈することは、決してありません。中東への食糧、医療などの人道支援を、更に拡充してまいります。テロと闘う国際社会において、日本としての責任を、毅然として、果たしてまいります。

4．このテロ行為に対して、強い連帯を示し、解放に向けて協力してくれた、世界の指導者、日本の友人たちに、心から感謝の意を表します。

5．今後とも、国内外における国民の安全に万全を期してまいります。

アメリカのオバマ大統領もすぐに声明を出した。次のように始まる。

アメリカ合衆国は、テロリストグループＩＳＩＬ（筆者注・「イスラム国」と名乗る組織をア

アメリカ・ワシントンDCにある新聞博物館「ニュージアム」に掲げられている後藤健二のパネル

メリカ政府はこう呼ぶ）による日本人ジャーナリスト後藤健二に対する凶悪な殺害を非難する。後藤さんは報道活動を通じ、シリアの人々の苦しみを同国外に伝えようと、勇気ある努力をしてきた。

オバマは後藤がジャーナリストであることを明確に示し、シリアに記者が入って報道することの価値とその勇気を高く賞賛している。肝心の日本の安倍の声明には「絶対に許さない。その罪を償わせる」「責任を毅然として果たす」と強い言葉が用いられているものの後藤の記者としての役割に触れたオバマのようなくだりがない。

アメリカ国務省はこの直前の一月二〇日、記者の安全についての会合を主催し、ジョン・ケリー国務長官は次のようにスピーチしている。

「彼（調査報道記者出身の広報担当国務次官補ダグラス・フランツ）はすばらしい記者で、同僚を危険な地域、戦地に送り、紛争を取材し、実情を世界に知らせた。私たちにとってそれがいかに大切なことか、この場にいる誰もが知っている。情報の公開とその自由な流れは民主主義の核心だ」「私たちは皆、ジャーナリズムに危険が伴うことがあると知っている。リスクを完全になくす方法はない。あるとすれば何も言わないことだ。それを私たちは降伏と呼ぶ。私たちにそんな選択肢はない。……何も言わなければ独裁者、抑圧者、専制者に力を与える。自由ではなく、専制者の繁栄をもたらす。シリア、イラク、ソマリア、中央アフリカ共和国、リビア、パキスタンといった危険度の高い場所で今起きていること――これらの場所では、彼ら（権力者）は市民が話を伝えることを嫌がり、話をゆがめようとしているのだ」

すなわち、シリアやイラクを含めた危険地域に市民である記者が入り、市民の話を聞いて伝えることの危険と価値をともに重視しているのである。

この問題に正解はない。危険地域に取材に行くことで拘束され人質になれば、多くの人々の手を煩わせ、お金も使うことになる。一方で、政府さえ簡単に入れないところの情報ほど社会全体にとって重要である。その情報がもたらされなかったらどうであったのかは分かりようがなく、考える機会も通常ない。だからその情報や報道の価値に簡単には気づかない。

後藤が殺害されてまもなく、アメリカの首都ワシントンにある新聞博物館「ニュージアム」に後藤の写真が掲げられた。仕事に関連して亡くなった記者を追悼する常設展示だ。肩にビデオカメラを担ぎ、ほほえんでいる。ここには二〇〇〇人を超える殉職記者の名前が壁に刻まれている。

マフィアが狙う記者の命

ブラジルの記者エバニー・ジョゼ・メツケルは二〇一五年五月一八日、首を切断された遺体で見つかった。同国南東部のパードレ・パライゾという町の郊外で草地に捨てられ、首は一〇〇メートルほど離れた別の場所に置かれていた。アメリカの団体「ジャーナリスト保護委員会」(CPJ)や報道によると、メツケルは現場から一〇〇キロメートル余り離れた町メディナを拠点に「谷のフクロウ」という報道ブログと個人発行新聞を運営していた。彼はメディナ唯一の記者だった。書いていたニュース分野は、地元の事件や行政のほか調査報道に重点を置き、政治腐敗、警察官の不正を報じていた。公用車の私的流用や、地元の医療制度の欠陥、道路にある危険な陥没などのニュースだった。そして殺される直前に追っていたのが、パードレ・パライゾの組織犯罪だった。

パードレ・パライゾは貧困地区で、犯罪発生率も高い。メツケルは町長のドゥルシネイア・ドゥアルテ・デソウザ・ピントが、夫で元町長のサウロ・オリベイラ・ピントを保健部長の職に就かせたことを取り上げていた。公職者の親族の任用制限ルールに明確に違反しているという。夫は町長時代の財政運営に問題が見つかり、裁判所から再立候補を禁じられた人物である。任用は「ネポティズム」、つまり同族で便宜を独占し、政治を支配するやり方に当たるというのがメッツケルの記事だ。

殺される少し前の五月に入ってメッツケルが出した記事は、パードレ・パライゾで「泥棒の王」の名を取っていた三一歳の男、アレクサンドロ・デソウザ・フェヘイラ・サントスがようやく逮捕されたことを報じた。盗みを繰り返していることは町中が知っていたのに警察に問題があり、捜査が及んでいなかったのだと指摘している。記事はアレクサンドロの両親、ジュアン・バティスタ・フェヘイラ・サントスとレニゼ・ドニゼテ・デソウザ・サントスの実名まで明記していて容赦ない。

パードレ・パライゾに何度も通ううち親しくなった副町長のアルメイダ・ペドロサに、メッツケルは「トラックを襲う強盗や運転免許偽造、親が子どもに売春させる犯罪について調べている」と打ち明けた。そして「町から去れ」という脅迫電話が来て怖いけれども、真に受けてはいないとも話していたという。やはり友人になったパードレ・パライゾのブロガー、バルセケ・ボムフィムには夕食を一緒に取りながら「近くすごい記事を出す」と打ち明けていた。メツケルが滞在先のホテルから姿を消し、行方不明になるのはその夜である。遺体は五日後発見された。半裸で手首を後ろ手に縛られていた。財布や時計、指輪は身につけたままだった。

ブラジル警察は州首都から捜査班を投入したが、そもそも、この国は治安が悪く殺人そのものが多い。国連の統計によると二〇一三年の一年間に四万八〇〇〇人以上が殺された。日本は約二〇〇人で、人口あたりの殺人発生率を比べると日本の八〇倍近い。アメリカと比べても六倍である。

その中で、記者も殺されている。一九九二年から二〇一六年の間に、アメリカのCPJが「記者活動に関連している」と認定しただけでもメツケルを含め三九人が命を落とした。中には取材中の事故もあるが、多くは本人を狙った殺害だ。

うち三人は拷問を受けていた。例えば、ローカルFMラジオのパーソナリティで、薬物取引や組織犯罪への批判で知られたジジャウマ・サントス・ダコンセイサンはバーの経営者でミュージシャンでもあったのだが、二〇一五年五月、店に押し入った覆面のグループに拉致され、翌日遺体が発見された。右目がくりぬかれ、舌が引き抜かれ、二五発の弾丸を浴びていた。殺される直前、若者が犯罪組織に殺された事件を調べており、脅迫も受けていた。

問題は、ブラジルで記者の命を奪った者の多くが処罰されていないことだ。CPJのまとめによると、これら三九人の記者の命が奪われた事件のうち、実行者や関与者の一部でも有罪判決を受けたのは三割にすぎない。残りの七割は、加害者の処罰に至っていない。

処罰されない犯罪

記者殺害が処罰されないことが、報道の自由に対する重大な脅威であるということは、国際社会の共通理解になっている。改善を図るため、ユネスコ（国連教育科学文化機関）などの取り組みが二〇一〇年ごろから始まり、一二年には国連が行動計画を定めた。翌一三年には国連総会が毎年一一月二日を「ジャーナリストへの犯罪の不処罰をなくす国際デー」に制定した。世界各地でイベントが行われている。

「ジャーナリストへの犯罪」とは、殺害や暴行だけではない。インターネットの発達に伴って深刻化しているのが、ネット上での記者に対する嫌がらせだ。ネット上で特定の人にとげとげしい物言いや侮蔑を繰り返す人を英語で「トロール」と呼ぶが、記者が狙われるケースも目立つようになり、問題化してきた。世界一二〇か国のメディア関係者で作る「国際プレス研究所」は二〇一六年春に開いた討論会で、記者への「サイバー・ハラスメント」のひどさと対策を話し合った。同研究所は「実体験に基づく証言から、サイバー・ハラスメントがもたらすものは心理的苦痛と自己検閲であり、またサイバー・ハラスメントの後に身体への攻撃が続くこともあることが結論づけられた」とその深刻さを説明する。

特に深刻なのは女性記者だ。「お前のような女は強姦する」といった性的な攻撃コメント、侮辱コメントも含め、各種のネット上の嫌がらせの標的になりやすいとの指摘が出ている。例えば欧州安全保障協力機構(OSCE)によると、ツイッターでは女性記者は男性記者の三倍もの罵倒コメントを浴びているとの研究結果があるという。

同機構でメディアの自由担当代表を務めるドゥニャ・ミヤトビッチは、二〇一五年二月の声明で、「標的になった女性記者たちは主に、犯罪や政治、あるいは機微に触れるような――時には(読んでいて)苦痛を感じるような――問題を報じている。例えば私たちの社会のタブーや教条だ。そうした記者に対するネット上の攻撃は、記事が取り上げた内容を論じるのではなく、記者を女として貶めようとする傾向がある」と指摘し、「特定の記者を狙ったネット上での罵倒は、今すぐ対処を要する危険な傾向だと私はみている」と訴えた。

OSCEは捜査当局による対策の強化や、人々がネットを「健康的、建設的」に使える力を高める施策を訴えるとともに、こうした措置が取り締まり優先となって言論の萎縮を招くことにも警鐘を鳴らしている。

第3章　新参NPOの乱入

「権力の濫用や、大企業の幹部による不正に光を照らし、市民が知るべき情報を知らせることはとてもうれしい仕事だ。違うかい？」

韓国調査報道センター「ニュース打破《タパ》」代表、金鎔鎮《キム・ヨンジン》

1　マックレイカーズ(肥やしをあさる野郎ども)の誇りと退潮

監視する記者

アメリカ建国から一九八年、初めて任期途中で辞任した大統領がリチャード・ニクソン(共和党)である。一九六九年に就任し、二期目途中の一九七四年八月に辞任した。原因となったウォーターゲート事件は、共和党内のニクソン大統領再選委員会が、対する民主党の本部に盗聴器を仕掛けようとしたスキャンダルで、ニクソン大統領はホワイトハウス関係者の関与を隠そうとし、捜査妨害も指示した疑いが強まったことで大問題となった。

疑惑を明るみに出したのがワシントン・ポスト紙の二人の記者、ボブ・ウッドワードとカール・バーンスタインだった。

当初は単に盗聴装置を持った五人の男が民主党本部に侵入して捕まっただけの事件だった。だが、侵入犯の一人が法廷で職業を「中央情報局(CIA)元職員」と名乗り、ウッドワードは腰を抜かした。背後を疑った二人の記者は事件を詳しく調べ始める。政権の内部事情を知るウッドワードの情報源「ディープ・スロート」の力も得て、やがて二人の記者は重大な秘密をつかみ、報じた。侵入犯にはホワイトハウスとのつながりがうかがわれ、共和党のニクソン再選委員会から多額の金が支払われていた――。

侵入犯の一人ジェームズ・マッコードは裁判官に対し、これが政治的な事件であることを告白する。焦るニクソンは捜査を抑えようとし、かえって司法長官、次官とも抗議辞任する異例の事態を引き起こす。窮地に陥った大統領に対し、議会はもちろん党内からも批判が加速した。こうしてニクソンは辞任に追い込まれた。ウッドワードとバーンスタインの二人の奮闘がアメリカ最高権力者の不正暴露につながったことは、アメリカのジャーナリズム史上に残る。

ワシントン・ポストのような大きな新聞だから権力の不正に関心を持ち、暴露しようと挑むのではない。アメリカ西部オレゴン州の最大都市ポートランドでは、週刊新聞のウィラメット・ウィークが、地元の最高実力者を引退に追い込んだ。

ポートランドは路面電車などの公共交通機関が充実し、環境保護政策が重視され、多様な文化を大切にする、いわばリベラルな価値観の都として知られる。その方向性を決めたのが一九七三年に三二歳の若さで市長となったニール・ゴールドシュミットだ。六〇年代の公民権運動や学生運動、ベトナム反戦運動を背景に、ポートランドでは市中心部の高速道路を撤去する市民運動が盛り上がり、その中で生まれたアメリカ版の革新市長だった。ポートランドの「革命」を成功させて全米に知られたゴールドシュミットはその後、オレゴン州知事や連邦政府の運輸長官も務める。政治の第一線から退いた後はコンサルティングやロビー活動を通じて大企業との関係を深め、州全体に強い影響力を持つ大物として知られていた。

お膝元の週刊新聞ウィラメット・ウィークは二〇一五年現在で発行部数七万部。「オルタナティブ週刊新聞《ウィークリー》」と呼ばれる種類のメディアだ。オルタナティブとは「もう一つの」「代替の」という意味で、時に「反体制、反権威的な」というニュアンスも帯びる。七〇年代のアメリカ各地で、権力に異議を申し立てて闘った人々の運動に影響を受けながら生まれてきた。気軽なタブロイド判で、文化や市民の声、そして社会運動にも多くの紙面を使うのがオルタナティブ週刊新聞の典型だ。ポートランドのウィラメット・ウィークも、同市長からオレゴン州の大実力者となったゴールドシュミット元州知事も、市民運動の潮流から生まれた者同士である。

公文書を掘り起こす

そのウィラメット・ウィークが、ゴールドシュミットの隠された過去を暴いた。ベビーシッターとして雇った一四歳の少女と性関係を持っていたのである。市民派市長として若者たちの尊敬を集めていた、まさにその時期のことで、関係は数年間にわたっていた。それだけではない。約二〇年後の一九九四年になり、少女との性行為が露見しないよう工作した。弁護士を挟んで彼女との間で法的な合意を結び、彼女に口外を一切禁じる一方で、ゴールドシュミットは月々の生活費援助などとして合計三五万ドル(三五〇〇万円)を支払うと約束したのだ。ウィラメット・ウィークのスクープはこれを全て明らかにした。そのいきさつは、アメリカのベテラン新聞記者スティーブン・ベリーの著した『ウォッチドッグ・ジャーナリズム』(未邦訳)やアメリカ・コロンビア大学の世界的報道批評誌コロンビア・ジャーナリズム・レビュー、二〇一六年春号の特集記事に詳しい。これらや現地の報道によれば、経緯はこうだ。

ウィラメット・ウィークの記者ナイジェル・ジャッキスはある日、元知事に批判的な州上院議員ビッキー・ウォーカーから、元知事が未成年のベビーシッターと関係を持ったという話を聞かされる。裁判所で公開されている書類にも記録されているのだという。頼むとウォーカーはその書類をファクスで送ってきた。文面にゴールドシュミットの名前自体はない。性行為があったという直接的な記述もない。だが確かに女性が原告で、「一九七五―一九七八年以後に続いている傷」をめぐる問題と書かれている。ゴールドシュミットが市長だったのは一九七三年から七九年だ。「傷」が望まない性関係を指すとすればつじつまは合う。これは匂う。

ジャッキスは調査に着手した。元知事ゴールドシュミットは偉大で尊敬されているし、未だに影の実力者でもある。その暗闇を探ろうとする記者など、ろくな扱いを受けない。それに軽々しい動きをすれば、取材の過程で根拠が不確かな噂を広めることになる。これは記者の在り方として無責任でもあり、しかもゴールドシュミット側に記者の動きが知られて妨害を受ける可能性もある。慎重さも求められる仕事だ。

こんなとき、ただ真相を調査報道記者に知らせてくれるのが、裁判記録をはじめとする公開文書である。

ジャッキスは各種の公文書を探る。最初に確認したのは被害女性の生年月日で、性関係を持ち始めたとされる時期に、実際にまだ一四歳であったことが裏付けられた。ウォーカー議員にもらった文書をもとに、関連文書がないかあらためて裁判所で調べると、関係者に守秘義務を課する合意まで結ばれている。どうりで誰も口を開かないわけである。合意に関わった彼女の代理人弁護士も、もちろん一切取材に応じない。

ジャッキスが調べたのは不動産登録、民事と刑事の裁判記録、警察の記録、州の行政ファイル……それらはアメリカでは公開されている。その記載から、当時彼女はゴールドシュミットの数軒隣に住んでいたこと、飲酒運転で逮捕された際に警官に反発し「ゴールドシュミットは私のベストフレンド」と話したこと、一九八八年にシアトルでジェフリー・ジェイコブセンという男による別の強姦被害に遭ったことが明らかになった。ジェイコブセンは逮捕、起訴され有罪判決を受けており、その裁判の記録文書を調べると「彼女は（ジェイコブセンによる強姦より前に）一九七五年から七八年にも性的な被害を受けていた」とある。ゴールドシュミットによるものだとは記されていない。だが「近所の人で、家族ぐるみのつきあいがある二一歳年上の人がやったこと」だという。

全てが符合する。

アポなし取材

「符合する」だけでは「ゴールドシュミットが彼女と性関係を持った」と報道する根拠には全く不十分だ。裏付けのため、ジャッキスは彼女の友人や元恋人のほか、公開文書から氏名が分かった人たちに、慎重に接触を始めた。

彼らの証言も見事に一致した。一九八八年、シアトルでの第二の強姦被害の後、彼女は酒とコカインにむしばまれていた。そんな彼女は、酔うと友人に「ゴールドシュミットと関係を持っていた」ことを話すことがあった。あのゴールドシュミットとこの子がだなんて、また突拍子もない嘘を――という反応を受けながら。

問題は、彼女本人の取材だった。

まず接触したのは本人ではなく母親で、編集長のマーク・ザスマンが電話した。丁寧な対応を受けたが否定に終始する。娘は元知事を尊敬していたこと、今は困難な状況にあることは話したものの、問題の性関係は一切認めなかった。ザスマン編集長は合計三回電話をする。さすがに三度目には母親も怒ってしまい、娘を傷つける記事を出そうとしているのではないかと責められる。

そして彼女本人である。極めて機微にわたる内容の取材だ。彼女は性犯罪被害者であり、無思慮なやり方は許されない。編集長のザスマンの判断で、女性記者エレン・ファッグを介して連絡を取った。取材を受けてくれるという。指定されたバーで、ジャッキスとファッグの前に現れた彼女は不健康にやつれ、震える手でタバコを吸い続けていた。レコーダーも持参していて、取材の一部始終を自分で録音し始めた。思い切って話すつもりだからではないかとジャッキスは期待した。だが、そうではなかった。

彼女はゴールドシュミットによる被害を否定した。それも全否定だった。レコーダーは「合意を守り、何も話さなかった」ことをゴールドシュミット側に証明するためのものだったのだ。問答は空回りを繰り返す。記者ジャッキスの方が緊張し、自分のレコーダーのスイッチを入れ忘れてしまう、ぼろぼろの取材だった。ジャッキスはその後も彼女に連絡を取ろうとするが、これ以上迷惑を掛けるなら訴えるとまで言われる。

ジャッキスと編集長ザスマンは話し合った。ここまで来れば、ゴールドシュミット側に気づかれないように気をつけて取材をする段階ではない。むしろ、目立つように動き回って本人の反応を誘発することを期待し、ジャッキスはゴールドシュミットの関係者に取材を繰り返し始めた。職場や事務所、時には自宅へのアポなし訪問もこんなときにはいとわない。

彼女の周辺者の証言もさらに積み重ねる。彼女と一時交際していた弁護士が見つかり、取材に応じた。匿名が条件で、しかも直接的な言質は与えない証言だが、ゴールドシュミットが少女だった彼女と性関係を持っていたことは間違いないとの判断材料となる内容だった。別の、彼女の苦しみを直接聞いた人物にも話をした。アポなしで自宅を訪れると、しばらく待たされた末「話せない」と言う。ジャッキスが「では、この記事を出したら間違いだと思いますか」と問うとやはり「何も私には言えない」と言う。ジャッキスは粘った。「記事を書いて間違ってたら、訴えられてクビになる。子どもが三人もいるんですよ」と冗談めかして話すと、その人物は、何も話せないが、その記事を読むのを楽しみにしている――と答えた。取材に答えたわけではない。記事に使えないし、トラブルになったとき「記事が正しい根拠」として裁判所に示せるようなものでもない。だが、何かのサインではあり、判断の一材料にはなる。微妙な取材では、そんな微妙なやりとりが数限りなくある。これは日本でも同じだ。

微妙なやりとりを重ね、これは真実だと判断する材料が積み上がっていく。ウィラメット・ウィークの顧問弁護士は、法廷で使える材料を少しでも増やすようアドバイスし、ジャッキスはまたしても被害女性の友人や元恋人たちを回って取材を補強し、何人かからは宣誓供述書の形にまとめてもらった。アメリカやヨーロッパの記者たちと話していると、しばしば「出稿前の弁護士のチェック」に話が及ぶ。こんな報道はやめろというチェックではない。

メディア弁護士《ローヤー》の仕事は、記事を止めることではなく「どうすれば報道できるか」「どう書けば大丈夫か」を考えること。力強い記事を出すため、記者と一緒に努力することだ。

スクープ潰し

ウィラメット・ウィークは報道を決断した。元知事ゴールドシュミットに報道すると通告し、もし否定するなら説明する機会を提供する、と伝えると元知事の代理人、クレイグ・バックマン弁護士に呼び出された。バックマンは編集長ザスマンとジャッキスに切り出した。

「ゴールドシュミット氏は二四時間以内に声明を出し、いくつかの公職の辞任を表明する」

未成年者との性関係も認め、悔悟の表明も含まれる声明だという。だから記事の取りやめを検討してくれないかというのが彼の要請である。取材の動きを既に察し、準備していたのだろう。勝利が見えてきた。そして、知らせるべき事実をこつこつと集めてきた記者にとって、今さらそんなことを受け入れられるはずがない。

その場には別の弁護士も同席していた。取材には一切答えないはずだった被害女性の代理人弁護士だった。こちらの要請は、記事に彼女の実名を書かないでほしいというものである。

ザスマンとジャッキスは、元知事ゴールドシュミットへの直接取材を取り次いでもらうよう、バックマン弁護士の約束を取り付け、その場を去った。

その一五分後、ゴールドシュミットは公職辞任を発表した。「健康上の理由」からで、少女との性関係には触れていない。不意打ちだった。一五分後に声明を出す用意をして「二四時間以内」とはよく言ったものだ。先手を打ってダメージを最小にするメディアコントロール作戦である。日本でも、不都合なスクープを潰すため、書かれそうになった側が先回りして発表することがある。先に発表すれば情報の主導権を握れるから、自分の都合の良い情報や言い分を目立たせることもできる。一社だけが独占報道するのに比べ注目度を落とせる場合もある。不利な報道を目立たなくさせる常套手段だ。

市民が知るべき真実は「健康上の理由」などではない。真実、すなわちゴールドシュミットが隠し続けてきた少女との性関係について、ウィラメット・ウィークは直ちに第一報をウェブサイトに掲載した。週刊紙だから、紙版の発行を待ってはいられない。すると今度は、ゴールドシュミットが同日午後、オレゴン州最大メディアの一つで日刊紙のオレゴニアンのインタビューを受けるという情報が入ってきた。元知事側の「特ダネ潰し」第二弾だった。部数でも影響力でもウィラメット・ウィークより遥かに勝る大新聞オレゴニアンである。偉大な市民派政治家ゴールドシュミットが過ちを認めて反省していることを強く印象づける記事をこの新聞に掲載させ、ウィラメット・ウィークの記事をかすませるわけだ。

ウィラメット・ウィークとしては受けて立つほかない。ジャッキスが書いていた詳報を直ちに完成させ、編集陣による点検を全速力で済ませて午後五時前にウェブサイトに掲載した。オレゴニアンの元知事告白インタビューの記事がネットに出たのはその数時間後だった。

ウィラメット・ウィークのスクープは速報面で辛くも勝ったというだけでは、もちろんない。これは長期にわたる深く詳しい調査報道であって、内容面で圧倒している。ジャッキスはその後も長い記事を出す。紙面で実名証言する人が増える。ゴールドシュミットに対する空気は一変した。州議会議事堂に歴代知事の肖像画が並ぶ中から、ゴールドシュミットの肖像画は撤去された。ウィラメット・ウィーク編集部には何百通もの手紙が届いた。
この報道は二〇〇五年ピュリツァー賞の調査報道部門賞を受賞した。

権力監視の代償

オレゴン州の歴史を作ったスクープとなったことは間違いない。だが、取材の過程は決してスマートでも、格好良くもない。「もう済んだ話」をかき回し、昔の恋人や友人の絶対に触れられたくない傷について聞き回るのである。刑事裁判の記録、それも性犯罪の記録を掘り返して熟読し、白い目で見られながら、みんな忘れていた話をつつき出す。権力者が必死に隠そうとしてきた問題ではある。権力者の資質に関わり、公共性が高い。だが、放置しておいて直ちに何か困ることもない。関係者の中にはこの被害女性や友人たちのように、権力と関係のない一般市民も大勢いて、取材と報道で甚大な影響を受ける。どれほど配慮しても、取材し報道する限りこれを避けられない。実際、ウィラメット・ウィークの報道からしばらく後、被害女性の母親は編集長ザスマンに電話で、記事が出たことについて「落胆している」と話した。

日本社会の感覚なら「具体的な問題や背景を市民が知る価値」よりも「取材を受けた人、報道で言及された人が被る迷惑や損害」を重視したかも知れない。前者、すなわち「一般市民が情報を知る価値」は切迫感に乏しい。自分にとってすぐ必要なもの、なければ生活にすぐ支障を来すわけではない。これに対し、後者は日本でよく使われる言葉で言えば「報道被害」であり、目に見え、痛切で、共感されやすい。実際、当事者のダメージは深刻だ。

共感されない取材に挑み、資料を掘り返し、時には罵倒され、時にはアポなしで、人に会い続ける記者。こんな調査報道記者のことを、英語で「マックレイカー」という。マックとは汚物や肥やし、レイカーとは熊手のような道具でかき集める人のことだ。つまり「肥やしを引っかき回して集める人」を意味する。誰もがやりたいという仕事ではない、でも誰かがやらなければならない。マックレイカーという表現はそんな誇りもかすかに帯びている。

ところで、渦中にあった被害女性である。

報道から七年後の二〇一一年一月一六日、彼女は死去する。本名はエリザベス・リン・ダナム。四九歳だった。長年の薬物濫用がたたり、身体も心も病んでいた。

二週間後、ウィラメット・ウィークは彼女の長い訃報記事を掲載し、エリザベス・リン・ダナムの実名を明らかにした。アメリカの報道では犯罪被害者を匿名化することは日本に比べ極めて少ないが、わずかな例外に「存命中の性犯罪被害者」がある。ウィラメット・ウィークもスクープの段階では「スーザン」という仮名で報じていた。

訃報を実名で記したのは、内部での多くの議論を経た末であると、訃報自体の中に触れられている。その理由は「まず、ゴールドシュミットがダナムから奪ったものが多数ある中で、彼女が彼女であることまで奪われるべきではないこと。次に、この権力ある男による虐待を今、(実名も記すことで)より完全に伝えることができ、それによって被害者が苦しむということはもはやなくなったことである」という。

同紙は読者の疑問に答える記事も添えた。「名前を明かすこと」と題して、「その理由の中には、彼女が死去したこともある。性犯罪被害者の身元を隠すジャーナリズムの習慣は、被害者が苦しむのを避けるための配慮だが、それは被害者が生きていく際のことであり、その後のことではない。殺人事件の被害者が強姦もされていた場合、そのこともしばしば公表され、そして、実名はもちろん明らかにされる」としている。

この記事には、賛否二人の報道倫理専門家の意見も添えられている。実名公表に反対するオレゴン大学のトム・ビビンズは「この話は既に語られたこと。……事件から長い時間が経った後、彼女のことを掘り返して思い出させ、家族や友達がさらなる探求を受けたり、動揺したりするおそれがあることを正当化できない」と述べる一方、賛成するウィスコンシン大学のスティーブン・ウォードは、匿名を続けるのは「不正直」だとし「今こそ、被害者の名前を出し、匿名の被害者に人間の（そして具体的な）顔を持ってもらう時だ。……それによって読者に本当の、顔も名前もある人物について伝えることができる。こうした記事で、具体性は大変重要だ」と話している（コメント中の（そして具体的な）という括弧書きはウォード本人による）。

これが、オレゴン州のオルタナティブ週刊新聞による調査報道スクープの最終章である。オレゴン州の大実力者ニール・ゴールドシュミットの、三〇年にわたり隠されていた重大な一面、その出来事――オレゴン州の歴史を作った女性エリザベス・リン・ダナムの名も、こうして歴史に刻まれた。

2　スター記者集め、寄付は年間一〇億円

メディアの危機

二〇一四年一月、アメリカ東部マサチューセッツ州で一七〇年の歴史を持つ日刊紙、ノースアダムズ・トランスクリプト廃刊。

二〇一五年一二月、東部ペンシルバニア州で一三〇年間発行してきた日刊紙、マッキーズポート・デイリー・ニューズ廃刊。

二〇一六年五月、南部フロリダ州で創刊から一二〇年の日刊紙、タンパ・トリビューン廃刊。アメリカの市民自治と参加民主主義の象徴だった各地の新聞が、次々に消えている。アメリカの新聞は主に地方紙で、小さなものは数千部からあり、色とりどりのメディア生態系を形作ってきた。

有力シンクタンク「ブルッキングス研究所」の報告書によると、アメリカでは一九四五年から二〇一四年の間に、一七四九あった日刊紙が一三三一に減った。人口は増えており、一人あたりでは三分の一に激減したことになる。

広告収入の落ち込みもひどく、新聞社全体で二〇〇五年に五〇〇億ドル(五兆円)近くあったものが、二〇一四年には二〇〇億ドル(二兆円)程度である。新聞社のウェブサイトに掲載するデジタル広告は増えているものの、デジタル広告は紙の広告に比べて非常に安いため、埋め合わせるにはほど遠いことが影響しているようだ。

収入が減るなら、経費を削減しなければ成り立たない。人件費も聖域ではない。全米の新聞社で、記者が次々に消えている。シンクタンク「ピュー研究所」の調査では一九八九年にはアメリカ全体で五万七〇〇〇人の新聞記者がいた。二〇一四年には三万三〇〇〇人だ。四割以上の減少である。

新聞社も記者も減ったアメリカに、報道活動の空白地帯が生まれ始めた。その一つ、南部ケンタッキー州コビントンの実態をＮＨＫの鈴木伸元は『新聞消滅大国アメリカ』（幻冬舎新書）で詳しく報告している。それによると、地元紙ケンタッキー・ポストが二〇〇七年七月に廃刊してからというもの、選挙に新人候補は立候補せず、投票率は下がり、低調な選挙で現職が繰り返し当選する。首都ワシントンやニューヨークの大きな出来事はテレビで見られるが、地元市民に大切なニュース、つまり郡レベルの行政や議会の動きが伝えられることがなく、何が問題になっているのか分からなくなってしまった。

これでは不正や怠慢もたぶんばれないと思う当局者や議員も出てくるだろう。私が司法担当記者として毎日、東京地裁や東京高裁を取材していたとき、ある弁護士に言われたことを思い出す。「法廷に記者がいるときといないときでは、裁判官の態度が違うことがあるのですよ」。インターネットによる情報発信の発達も、小うるさい記者がいなければ、「自分が知らせたいことを知らせる」ための宣伝めいた情報ばかりとなりかねない。

記者はあらゆる持ち場で均等に減るわけではない。「無駄が多い」ところから削られる。もっとも非効率な仕事――それは調査報道だ。

調査報道を手がける取材班をアメリカではしばしば「Ｉ《アイ》チーム」と呼ぶ。調査、つまりインベスティゲイションの頭文字から来ている。Ｉチームの取材は地味で「空振り」が多い。政治家の不正を聞きつけ、時間と手間を掛けて取材しても、結局は根拠のない噂だったと判明して終わりということもある。そうではなく、おそらく不正はあると感じられるものの、報道する根拠とできるほどの証拠が集まらないこともある。

例えば「完全オフレコでしか話さない」証人しかいなければ、あきらめざるを得ない。こうなると成果ゼロが何ら不思議ではない。成果が出たら出たで、スクープによって新聞の購読者がすぐ増えるわけではなく、利益に結びつかない。テレビの視聴率を稼ぐなら娯楽番組の方がずっと効率的だろう。

それどころか、取材を受け、報道された側から名誉毀損やプライバシー侵害の裁判を起こされる危険さえ呼び込む。真実の報道を「嘘だ」と言って訴える人もいる。それはその人の自由だ。報道機関を提訴して裁判手続きに持ち込めば、記者はそのために資料や陳述書を準備し、打ち合わせに追われ、仕事どころではなくなる。会社には多額の訴訟費用がのしかかり、こんな面倒を引き起こした記者を疎んじ、問題社員と見なすこともありうる。

調査報道に伴うこんなリスクに引き替え、官庁にせよ企業にせよ市民団体にせよ、報道発表や催しのようなものであれば、比較的すぐ記事になる。コストも掛からず、トラブルも少ない。

プロたちのNPO

ジャーナリズムの真髄、調査報道の火を絶やすわけにはいかないと、調査報道記者たちが考えついたのが非営利組織（NPO）の設立である。大きなメディア企業が躊躇するなら、手作りの小さなNPOが記者を雇い、取材し、報道するというアイデアである。

その先駆けは、こんな危機の顕在化よりはるか前の一九七七年、アメリカのカリフォルニア州に設立された団体だ。その名も「調査報道センター」（CIR）という。最初に名を馳せたのは、七九年に報道した農薬輸出の記事だ。アメリカの企業が危険性の高い殺虫剤を発展途上国に輸出し、それが現地の農場で使われ、アメリカ向けに出荷される農作物に残留農薬として含まれて、結局アメリカ市民に影響を及ぼす恐れがある――という問題を明らかにした。投げたブーメランは自分に返ってくることに例えて「ブーメラン犯罪」と題されたこの調査報道はアメリカの隔月刊誌マザー・ジョーンズの「企業犯罪」特集の中で採用され、この特集が翌八〇年の「全国雑誌賞」を受賞する。

現在は記者たちをはじめ七〇人ものスタッフを擁し、コンスタントに記事を発表している。文章の記事だけではなく、テレビやラジオのスタイルでも報道を展開する。テレビやラジオはむしろ序の口で、犯罪に関わって拘束された未成年者の施設収容の在り方に問題があることを突き止め、アニメに仕立て報じたこともあれば、時には詩人ラッパーとの共同企画まで実現する。調査報道と詩の組み合わせだなんて、奇抜この上ない。破産都市ストックトンの実情を報道したCIRがさらに市民団体と協力し、同市の若者たちが生きる苦悩と喜びを詩で表現するイベントを開いたのだ。

一方、首都ワシントンには「社会健全性センター」(CPI、センター・フォー・パブリック・インテグリティ)がある。創設者のチャールズ・ルイスはABCテレビの調査報道記者を経て、CBSテレビの看板報道番組「60ミニッツ」のプロデューサーを務めていたベテランジャーナリストだ。会社に縛られない、より自由で活発な調査報道の実現を目指し、この組織を作った。

CPIを一躍有名にしたのは、クリントン政権が民主党への多額献金者に「ホワイトハウス宿泊ご招待」をしていた問題だ。そうした非公開の特典を設けていたことを一九九六年に暴き、有力ジャーナリズム組織の一つ「プロフェッショナル記者協会」の賞を受けた。その後のブッシュ政権に対してもCPIの調査報道は目を光らせ、共和党の選挙運動で多額の献金がエネルギー企業「エンロン」の幹部多数から寄せられていたことを二〇〇二年にすっぱ抜いた。不正会計の末に経営破綻するという大型スキャンダルを〇一年に引き起こした会社だ。

ＣＰＩはまた、国際調査報道ジャーナリスト連合（ＩＣＩＪ）を生んだ母体でもある。パナマ文書報道で有名になったＩＣＩＪはＣＰＩの一プロジェクトとして一九九七年に作られ、世界各国の記者の参加を得て各地の汚職や企業不正、犯罪組織に照準を広げ、国境をまたぐタバコの違法輸出や人体組織の国際売買といった報道を成功させてきた。

パナマ文書報道を成功させた二〇一六年、ＩＣＩＪはＣＰＩから分離して独立組織となり、さらに発展を目指すことになった。

巨額寄付も高給も公表

アメリカ西海岸カリフォルニア州拠点のＣＩＲと、東部の首都ワシントンにあるＣＰＩがいわば西と東の大関だとすると、アメリカ調査報道ＮＰＯの横綱級が「プロパブリカ」だ。二〇〇八年、アメリカ最大の新聞の一つ、ウォールストリート・ジャーナルの編集局長を退職したポール・スタイガーが設立した。〇五年にルイジアナ州でハリケーン「カトリーナ」の直撃を受け、電気も水も失った病院で患者多数が死亡した悲劇の詳細な検証記事を〇九年八月に出し、注目を浴びる。この病院「ニューオーリンズ・アップタウン記念医学センター」の医師アナ・ポーは災害のさなか、もう助けられないと判断した患者に致死量の薬物を注射した殺人容疑でいったん逮捕されたが不起訴となった。記事はポーをはじめ病院スタッフの動きを詳細に検証している。書いた記者はシェリ・フィンク。彼女自身も医学博士号を持ち、記者としては紛争地医療などについての報道をラジオや新聞、本の出版を通じて手がけてきた。

このプロパブリカの報道が、二〇一〇年のピュリツァー賞調査報道部門賞を受けた。ピュリツァー賞の対象にネット報道も加わって二年目、いきなりこの新参者のプロパブリカが賞を得たことで、ＮＰＯ調査報道機関の実力が広く認められることになった。

力があるのも当然だ。二〇一六年の陣容を見ると、編集主幹のスティーブン・エンゲルバーグはニューヨーク・タイムズで一八年にわたり調査報道や海外報道に携わったベテランで、オレゴン州の有力紙オレゴニアン編集局長も務めた。編集長はロビン・フィールズ。彼女はロサンゼルス・タイムズで調査報道を手掛けた。現場の記者たちも全米各地の新聞などで活躍してきた腕利きばかりだ。転職社会のアメリカでは、記者もより大きな舞台を求めて転職を繰り返す。その中でプロパブリカは「転職したい会社」になっていることが如実に分かる。プロ中のプロが多数所属する、調査報道の精鋭集団なのである。

二〇一一年の夏、私がニューヨークにあるプロパブリカの編集部を訪れたとき、職場はしんと静まりかえっていた。「みんな外で取材しており、誰も会社にはいないのか」と思ったが、そうではない。よく見ると社内に大勢の人がいる。電話取材している人、コンピューターに向かっている人、資料を読んでいる人……。他方、雑談をしたりくつろいだりしている人はまるでいない。調査報道専門の会社なので、日々の速報ニュースを追うためテレビの全チャンネルを付けっぱなしにしている必要もないし、現場に行けとか早くしろとか大声で怒鳴り合う場面もないわけだ。私がこれまで経験してきた賑やかな報道の職場とは前提が異なる。プロパブリカの職場の静けさは迫力そのものだった。記者同士の競争も激しいのかも知れない。

これだけの人材が集まるのは、プロパブリカが著名だからというだけではない。プロパブリカ編集主幹のエンゲルバーグには二〇一五年、三八万一〇〇〇ドル（三八一〇万円）の給料が支払われている。編集長のフィールズは二四万ドル（二四〇〇万円）で、記者の中にも二〇万ドル（二〇〇〇万円）、一九万ドル（一九〇〇万円）という高額プレイヤーがいる。日本の大手メディアは他国の同業者に比べると記者の給与が高いと聞くことがあるが、プロパブリカの高給ぶりにはまるで及ばない。有能な人材を引き寄せる原動力の一つがここにあることは明白だ。なぜプロパブリカ編集主幹たちの給料が分かるかというと、アメリカでは税の優遇を受けるNPOの税務書類は公開情報であり、そこに中心的な役職員の給与も記載されているからである。

プロパブリカの財政は、寄付によって成り立っている。柱はサンフランシスコの「サンドラー財団」だ。財団を作ったサンドラー夫妻は、金融機関の経営に成功して大富豪になったが、アメリカの調査報道ジャーナリズムが弱体化しつつあることが気になっていた。民主主義を支える役割が失われると心配し、ある日、旧知のウォールストリート・ジャーナル編集局長スタイガーに提案する。「調査報道に金銭的援助をしたい。毎年一〇〇〇万ドル（一〇億円）でどうか」

この申し出に応え、スタイガーはプロパブリカを設立した。最初の記事を出した二〇〇八年、プロパブリカの収入は八六〇〇万ドル（八億六〇〇〇万円）。うちサンドラー財団の寄付が八〇〇万ドル（八億円）だったから、財政の九割以上を担っていたことになる。その後プロパブリカが世の中に知られ、寄付する人も広がり、二〇一五年の収入は一七〇〇万ドル（一七億円）と倍増した。うちサンドラー財団の分は三〇〇万ドル（三億円）で、負担割合は一八％にまで下がっている。これも全て税務書類で公開されている数字だ。

こうした透明性の高い情報公開制度は、ＮＰＯ報道機関にとって重い意味がある。「市民に見られて困る」という意味ではない。もしも大口寄付者が誰なのか隠されたなら「寄付者の操り人形になっている」「よからぬ団体からも大口の寄付を受けている」との疑いをぬぐうのが困難になる。誰が寄付しているかが堂々と表に出ることで、報道が寄付者の意向におもねっていないか、どうぞ皆さん見てくださいと言える。見せることによって誤りを防ぎ、何よりも信頼を得る。「金は出すが、口は出さない」という寄付の王道は情報公開によって守られている。

新聞・テレビと協業

これらのＮＰＯ調査報道機関の特徴は、既存の新聞やテレビといったマスコミとの連携と協業を大切にしていることだ。報道メディアにとって、発表の場こそ全てだ。ニュースの影響力は、どれだけ多くの人の目に触れるかに掛かっている。反響が起きて何か社会が改善に動けば、新興メディアとして大いに名を挙げ、寄付も人材も集まる。認知度も上がって取材がしやすくなり、次のスクープにつながるという好循環が起きる。そのためには、自分たちのウェブサイトに発表するだけでなく、既に何十万、何百万という人々が目にする大手メディアに記事を掲載するのが早道だ。

たとえば、老舗のＣＩＲは調査報道の成果を「リビール」（暴露）というラジオ番組シリーズにして次々に発表しているが、これは全米各地の公共ラジオと連携して放送されている。ワシントンのＣＰＩの場合、二〇一五年四月と九月に発表した二つの調査報道はそれぞれサウスカロライナ州の新聞ポスト・アンド・クーリエ、ワシントン州の新聞シアトル・タイムズとの合同プロジェクトで、CPIのウェブサイトとともに、それぞれの新聞にもCPIとの連名で記事が掲載された。

プロパブリカも同様だ。このNPO報道機関の名前を一躍知らしめた、ハリケーン「カトリーナ」と病院の話はニューヨーク・タイムズ別冊の特集記事雑誌ニューヨーク・タイムズ・マガジンに掲載された。二〇一六年八月にはワシントン・ポストと合同の調査報道を仕掛け、アメリカ国務省のイラク安定化戦略がいかにして破綻したかを詳細に検証し、プロパブリカの名前がワシントン・ポストに「合同調査」として掲載されている。

新興のNPO報道機関からみれば既存メディアはライバルでもあるが、知らせるというジャーナリズムの目的にとってより合理的な手段が既存メディアとの協業というわけである。アメリカでは既存メディアの側にとっても、実績あるNPO調査報道機関のような「外注記事」の受け入れには経費節約の意味もある。双方にとって利点があり、何より社会と市民に大きな利益をもたらす協業といえる。

ニューズルームのない報道メディア

CIR、CPIやプロパブリカという重量級NPOの向こうを張り、小粒の調査報道メディアも気を吐く。環境問題を専門に報じるニューヨークの「インサイド・クライメット・ニューズ」は二〇〇七年に設立され、一三年のピュリツァー賞国内報道賞を受賞した。このとき、常勤記者は七人。受賞した記事はアメリカ・ミシガン州で一〇年に起きた石油パイプラインの事故と、それによる深刻な環境汚染、さらに企業や行政の落ち度を詳報した一連の報道だ。事故でパイプラインから漏れ出たのは「ディルビット」と呼ばれ、タールのような黒く強粘度の物質を溶剤でゆるくし、パイプを流れるようにしたものだ。激しい刺激臭がし、発がん性もある。知られていなかったこの事故の深刻さにインサイド・クライメット・ニューズの記者たちは気づき、取材したのだ。

大小さまざまなメディアが活躍するアメリカでも、ここまで小さなメディアはピュリツァー賞受賞者の歴史の中で異色の存在といえる。過去には一九七九年、カリフォルニア州のポイント・ライズ・ライトという小さな週刊新聞が同賞を受賞したことがある。同紙は二〇一六年現在でもスタッフ八人で運営を続ける小規模メディアだが、一九四八年創刊の歴史あるローカル新聞だ。ウェブサイトには住所とともに「郵便局とレストラン「ソルトウォーター」の裏です」と記され、地元の住民から目に見える存在なのがよく分かる。

かたや二〇〇七年発足のインターネット専業報道機関、インサイド・クライメット・ニューズは、ニューヨーク南部ブルックリンが所在地となっているが、通常そこに記者たちが出勤するわけではない。常勤記者たちの居場所はニューヨークのほかアメリカの首都ワシントン、北東部のボストン、西部サンディエゴと散らばり、それぞれ個別に動き回る。打ち合わせはネットや電話で行う。デジタル時代の通信技術を活用し、事務経費を大胆に削ってニュース取材と報道に賭ける、ニューズルームなきニュースメディアなのである。

インサイド・クライメット・ニューズの「クライメット」とは「気候」だ。環境専門を前面に打ち出したメディアだが、環境保護運動の団体ではない。記者の一人、リサ・ソンはピュリツァー賞受賞直後、ニューヨーク・タイムズの取材にこう答えている。

「名前が名前だから、私たちのことを運動団体だと思う人もいる。受賞をきっかけに、そういう誤解がなくなればと思う」

報道機関であって、運動団体ではない。環境専門の報道だから、環境保護の「運動」と密接に結びつきそうなメディアだが、報道と運動の区別を強調するとはどういうことか。

ジャーナリズムに視点は必要だ。ある特定のネタや分野を「これはニュースだ、知らせなければ」と思うこと自体が大変主観的で、「環境問題は重要なニュースだ」と感じることそのものが、一つの政治的立場だ。反対に、一隣町の森林での水質汚染よりも、女子高生殺人事件の方が大きなニュースだ」と判断することも当然、一つの主観的な立場表明である。その意味で報道に言葉本来の「中立」はあり得ない。英語のジャーナリズムの言葉で、何らの色合いもないかのような「中立」(ニュートラル)だけでなく、特定の政治勢力のために活動しているというわけではないという「不偏不党」(インパーシャル)が多く使われるのはそういうわけだろう。例えばイギリスBBCのガイドラインは「正当な不偏不党とは……あらゆるものに絶対的中立を求めるものではない」(第四章「不偏不党」)と定める。

だが、絶対中立とはいえないということと、運動自体を目的にすることとは、全く別のことだ。運動が目的なら、情報を知らせるのはそのための「手段」なので、社会に警鐘を鳴らしたり良心を鼓舞したりするための多少の誇張は許容範囲ということも、立場によってはあるかも知れない。集会やデモの参加人数に関する「主催者発表」がしばしば誇張を含むと理解されているのはそんな例といえる。だがジャーナリズムは情報を知らせ、記録すること自体が目的だから、細部まで正しくフェアであるよう、最善を尽くさなければならない。インパクトや感動を求めながらも、裏付けある堅い事実を超えることはできない。ジャーナリズムと運動を分かつのは、例えば、こういう違いである。

3　欧州とアジアの風雲児

八日間で一万五〇〇〇人から寄付一億円

「新しいネットメディアを始めるから、資金の寄付をお願いします」

インターネットで呼びかけると、八日間で一万五〇〇〇人が応え、集まった額は一億一〇〇〇万円――こんなことがオランダで起きた。二〇一三年のことだ。「デ・コレスポンデント」というネットメディア創設者のロブ・ワインベルグは当時三〇歳。オランダの有力紙、NRCハンデルスブラットのコラムニストを経て、同紙が若者向け姉妹紙として発刊した小型版日刊紙nrcネクストの編集長に二〇一〇年就任した。長い読み物を中心に八万人の読者を集めるのだが、日々の速報ニュースを求める会社側と意見が合わず、一二年に解任されてしまう。そこで、自らの目標を追求しようと新しいネットメディアを設立した。このデ・コレスポンデント成功の秘密は調査報道やルポ記事の数々、そして記者と読者がやりとりできるつながりを作ったことにある。

デ・コレスポンデントが掲載した国際調査報道の一つが、ヨーロッパのサッカー選手としてスカウトされるアフリカや南米の子どもたちの問題だ。ポルトガルとオランダの記者が合同で手がけ、二〇一五～一六年に発表したこのプロジェクトは、スター選手になる夢にひかれてヨーロッパに来た若者たちの経験を、本人や周囲の証言を通じて追う。ブローカーがアフリカのサッカークラブで才能ある子どもを探し、正規とは思われないやり方でポルトガルなどに入国させ、約束に反し家族や出身クラブに金を渡さずピンハネしている疑いや、夢と家族の間で苦悩し悲しむ少年たちの思いを描き出す。そのままヨーロッパでホームレスになる少年もいるという訴えも伝える。これがサッカーでなくもっとひどい労働や、極端には性産業だったら、典型的な人身売買の構図だろう。スポーツだったら許されるのだろうか。

そんな問題を投げかけるこの報道プロジェクトに呼応し、発信メディアの一つを引きうけたのが、デ・コレスポンデントだった。

一方、デ・コレスポンデントの記者が自ら仕掛けた調査報道といえば「公共Ｗｉ－Ｆｉにつなぐとき、私たちは何を見せているか」。カフェやショッピングモールが無料で提供する、無線インターネット接続サービス（Ｗｉ－Ｆｉ）は外出先でスマートフォンやパソコンをネット接続する際に欠かせない存在になっているが、それが安全なのかどうかを実際に検証してみた記事だ。マウリッツ・マルティン記者がバウター・スロットボームというデジタル技術に詳しい男とともにアムステルダムのカフェに座り、スロットボームによるハッキングの試みを詳細に報告する。彼はタバコの箱より少し大きい黒い箱とパソコンを取り出し、それぞれスイッチを入れる。パソコン上で何やらプログラムを起動させると、そこには「ジョリスのアイフォン」「シモーヌのマックブック」という名前が次々に現れた。同じ室内で、カフェのＷｉ－Ｆｉを使っている端末が分かるのだ。そして、その端末がこのカフェのＷｉ－Ｆｉにつなぐ前はどこでネットにつないだかの履歴も読めてしまった。空港名、カフェ、ホテルなどのサービス名が記されているから、その人が何をしていたか見当がつく。

驚愕するのはこれからである。例の黒い箱は、独自にＷｉ－Ｆｉサービスを提供することもできる。周囲の客が、カフェのＷｉ－Ｆｉだと思って黒い箱に接続する。その黒い箱はスロットボームのパソコンに、接続してきた端末の属性を全て表示する。端末名や送信情報から名前が分かり、手元で名前を検索するとその人に関連した写真が見つかり、見回すとその人が目に入る。そして、黒い箱を通じて送受信するデータは大半がそのまま読めるから、メールをやりとりしたり、ソーシャルメディアにつながったりすれば、何を書いているかが丸見えになる恐れがあるというのである。大胆な実験のルポで、公衆Ｗｉ－Ｆｉが直ちに危険かどうかはともかく、ネットにつなぐ際には接続先をきちんと確認しないと、こんなことが起きかねないことを思い知らされる。

こんな突っ込んだ記事を次々に発信するデ・コレスポンデントは、読者の購読料を資金源として運営しており、年間六〇ユーロ(六六〇〇円)の有料会員でなければ原則として記事は読めない。二〇一六年半ばの購読者数は約四万六〇〇〇人にのぼる。この経営方式はアメリカの調査報道センター(CIR)や社会健全性センター(CPI)、プロパブリカのような「寄付を集めて無料公開」とは全く異なる。有料にすると読者は限られ、影響力を下げてしまうのが欠点だが、経営は景気に左右されにくくなり、比較的に安定する。そして読者層は、デ・コレスポンデントを意識的に選び、読もうとする人が中心となる。

ここがデ・コレスポンデントの大切にしている哲学だ。デ・コレスポンデントにとって、読者はただの読者ではない。「参加者」だと見なしている。だから、記事へのコメント欄はあってもコメントでなく「寄稿」と呼び、購読者だけが書ける。コメント欄が荒れ、匿名の無責任な感情的発言や侮蔑、人種や民族への差別であふれることを認めず、「寄稿」は実名に限っている。

二〇一六年六月、東京で開かれたジャーナリズム・イベント「第一八回報道実務家フォーラム」で、創設者のワインベルグは「寄稿」について「私たちは情報や具体例を求める。寄稿を通じ、専門家と知識を共有することで、記事はより豊かに、建設的になっていく」と説明した。

政界大物を次々に倒す

フランスで気を吐くウェブ報道の風雲児が「メディアパルト」だ。二〇〇八年に有力紙ル・モンドの元記者らが中心になって設立した。一〇年には化粧品大手「ロレアル」の創業一族で大富豪の女性、リリアン・ベタンクールと娘との財産紛争のなかで、ベタンクールの執事が隠し録りした会話記録を入手し、内容を特報する。そこには、ベタンクールと財産顧問らとの会話が録音され、脱税や違法な政治献金を示す内容があった。まず名前が挙がったのは予算大臣から労働大臣に転じたばかりのエリック・ブルトである。財産顧問がブルトについて「大変親切で、そして彼はまた、あなたの税金を担当する人だ。彼は予算大臣だ」と述べたことが録音されていたと伝えられている。ブルトは内閣改造を生き延びられず、更迭される。さらに、〇七年の大統領選でベタンクール家からニコラ・サルコジの陣営に一五万ユーロ（一七〇〇万円）の違法献金があったと特報した。他のメディアも一斉にメディアパルトの記事を引用してサルコジ大統領は窮地に追い込まれてしまう。捜査の結果、一五年には証拠不十分で不起訴となるのだが、この報道でメディアパルトは一躍名を挙げることになった。

次の大統領、フランソワ・オランドの社会党政権に対してもメディアパルトは容赦ない。二〇一二年、予算担当相のジェローム・カユザックがスイスに秘密銀行口座を保有していると報じた。カユザックが否定すると、メディアパルトは隠しておいた切り札を出す。カユザックがこの口座について話している電話の盗聴記録を入手していたのだ。捜査が始まり、カユザックは辞任し、フランス政府はそれまで大統領に限られていた資産公開を閣僚にも拡大する羽目になる。一四年には大統領特別顧問のアキリノ・モレルが保健行政を監督する公職にありながら秘密裡に製薬会社の顧問として金銭を受け取っていたことを暴露し、モレルも辞職する。

メディアパルト設立者で社長のエドウィ・プレネルはル・モンドの元編集局長で、やはりル・モンドの外信部長、経済部長というエース級記者とともに発足させた。二〇一五年段階で約四〇人にのぼる記者の主力はル・モンドのほかリベラシオン、フィガロといった有力新聞社から移籍した。フランス報道界のど真ん中から腕利きのプロが集まってきた形で、どうりで政界に刺さるスクープを狙ってくるわけである。

これら読者と記者の関係は、オランダのデ・コレスポンデントと少し似ている。有料購読制で、「ル・クラブ」というブログ方式のページを設け、記者とゲスト専門家、そして購読者が書き込み、意見交換できる。メディアパルトの「パルト」は「参加の」(パルティシパティフ)という言葉から来ている。こちらも参加型メディアということだ。

購読料は年間一一〇ユーロ(一万二〇〇〇円)。二〇一六年三月には購読者数が一一万八〇〇〇人となっている。フィガロの発行部数が三一万部、ル・モンドが二六万部、リベラシオンに至っては八万部を割っているので、堂々たる数字というほかない。一一年からは黒字で、有料購読を軸に経営するウェブ報道機関の「サクセスストーリー」(政治ウェブニュース「ポリティコ」欧州版、二〇一五年五月一一日)という評価を受けている。

そのメディアパルトを襲ったのが、突然の税務調査だった。フランスでは日本の消費税に似た「付加価値税」が一九・六%にのぼる。ただし、市民が知識を得るための手段が税のため高価にならないよう、印刷物、つまり本や新聞は二・一%の軽減税率が適用される。問題はメディアパルトのようなネットメディアで、印刷物に分類できないので税率は一九・六%ということになる。メディアパルトはこれに納得せず、紙と同様二・一%の税だけを納め、それを前提に購読料を取っていた。この税率問題は論議の末、二〇一四年にネットメディアにも二・一%の軽減税率が適用されることになった。が、めでたしとはいかなかった。フランス税務当局はメディアパルトに対し、それ以前の分は高い税率で納税すべきだと主張し、延滞税も合わせて四一〇万ユーロ(四億五一〇〇万円)の未納を通知したのだ。法的手段で対抗したが全て退けられ、もはや払うしかなくなったメディアパルトは読者に支援を呼び掛け、約五〇万ユーロ（五五〇〇万円）を集めたが、同時に値上げもせざるを得なかった。メディアパルトは「カユザック予算担当相のスキャンダルを書いた報復」だとして反発している。同時に「メディアの独立を保つ」として読者からの購読料一本で今後も運営することを宣言した。

メディアの独立は、フランスでは特に深刻だ。有力紙は軒並み大企業の傘下に入っている。フィガロは軍事・航空メーカー「ダッソー」のグループ企業だ。ル・モンドは長年、記者の組織が株の過半を握り、記者による経営というスタイルを続けてきたが、経営不振から二〇一〇年、実業家グループにこの株を売却した。実業家グループといっても左派寄りで大統領選では社会党候補者を支援する人たちである。ともあれ外部資本による支配を受けることに変わりはない。週刊誌パリマッチを所有しているのは複合企業体の「ラガルデール」で、ほかにもファッション誌エルやテレビ、ラジオ局もこの企業の傘下にある。経済紙エコーを所有するのは「モエ・ヘネシー・ルイヴィトン」（ＬＶＭＨ）で、言わずと知れたファッション、装飾品、高級酒の企業だ。そんな中、出資どころか広告も一切取らず、読者だけを頼りに果敢な調査報道に挑むのがこのメディアパルトなのである。

韓国を揺るがす醜聞ビデオ

若い女性が数名の女性に付き添われ、廊下を歩いて行く。隠し撮り映像は揺れ、斜めになって見づらいが、廊下には手すりが設置されている。「シャワーを浴びるときは二人が先に入って、一人は後で。会長は転ぶかも知れない、そうしたら二人で支えて」という指示が聞こえる。「会長」とは——間もなく隠し撮り映像が捉えたのは、韓国「サムスン電子」の李健熙《イ・ゴンヒ》会長だった。韓国を代表する世界的企業、「サムスングループ」を率いてきた人物である。

やがて李と女性の会話が聞こえてくる。何かがレンズを覆ったのか、映像ははっきり見えない。「前だよ」と男の声。何かを繰り返し叩くような音。「風邪を引いたの」「風邪？　それが（ピー音）と何の関係があるんだ」。映像はこんな「ピー音」で消さなければならないような会話も捉えた。ナレーションが説明した。「これらの女性の一人が撮影した映像は、お見せはできませんが、李会長による買春の行為を捉えています」。つまり、公開には不適切な、性的な場面そのものも記録されているということだ。

李会長が二〇一一年から一三年にかけ、女性を買春したとみられる経過の隠し撮り映像だった。これを入手し、事実関係の検証を経て、三〇分のニュース番組にまとめて報道したのがインターネットで展開する映像系調査報道メディアの「ニュース打破《タパ》」だった。

超大物の醜聞場面である。映像共有サイト「ユーチューブ」に提供されたこの番組は四か月で一〇〇〇万回以上も再生された。最初の五〇〇〇万回は公開初日だけで達成したとの指摘もある。ニュース打破は映像に映っている建物の現場を調べ、李会長の自宅やグループ企業幹部と関係する高級マンションだと突き止めた。映像を専門家に分析してもらい、合成や偽造の可能性はないと結論づけた。音声は声紋分析した。裏付けを徹底した調査報道を前に、サムスン広報は「会長の私生活に関することであり、会社として申し上げることはない」と言いつつも「お騒がせして申し訳ない」と謝罪するほかなかった。

セックススキャンダルのような、下世話な記事のためのメディアではない。ニュース打破はむしろ硬派の調査報道メディアとして、貧困問題や企業の不正、何よりも政府の不祥事を掘り起こし続けている。二〇一二年の大統領選で朴槿恵《パク・クネ》が当選した際、情報機関の国家情報院がインターネットで朴候補の支援工作を組織的に行っていたことを暴いたのもニュース打破だった。国家情報院がメンバーを動員し、一般人を装ってツイッターを使い、対立候補が北朝鮮とつながっているかのように非難する意見や、根拠のない誹謗中傷を投稿し、一方で朴槿恵に対しては賞賛し信頼する声を大量に発信していたのである。不審な大量のツイートを分析して実行者を特定し、工作を白日の下にさらしたのがニュース打破の取材チームだった。その結果、国家情報院の当時のトップ元世勲《ウォン・セフン》をはじめ何人もが起訴され、有罪判決を受けた。

「成功した報道は本当にたくさんある。ほかの例をいうと、やはり国家情報院が北朝鮮のスパイをでっち上げていたという事件もあった。事実を掘り起こして報道したのだ」

ニュース打破の代表、金鎔鎮《キム・ヨンジン》は私にこう語る。ジャーナリスト歴約三〇年、もともと韓国の公共放送KBS(韓国放送公社)の記者で、二〇〇五年にKBSに調査報道班を設立してスクープを連発、国内外の賞を約三〇件も受賞する成果を上げていた。だが、〇八年に李明博《イ・ミョンバク》大統領の政権が始まって報道現場が息苦しくなり、退職を選ぶ。そこで設立したのがNPO報道機関の「韓国調査報道センター」(KCIJ)だった。このセンターがニュース打破を運営する。

金鎔鎮

テレビ出身の金だけに、ニュース打破も映像ニュースが中心で、ウェブサイトのほかユーチューブ、スマートフォンのアプリを通じ無料で見られる。広告でも購読料でもなく寄付で運営されているところはアメリカの大手調査報道NPOと似ているが、財団や富豪の大口寄付ではなく、一口月額一万ウォン(一〇〇〇円)からの会費を払う支援会員に支えられている。
「こうしたスクープのおかげで、視聴者は増え、支援会員の数も伸びた。資金の問題について、大きな困難にはこれまでのところ直面しないで済んでいる」

二〇一六年現在での会員数は四万一〇〇〇人にのぼる。金を払わなくてもニュース打破は見られるのだが、支援会員になれば記者との交流、討論イベントに参加するなどの特典が得られる。韓国の現状の報道メディアを超える何かが欲しいと感じている人が大勢いることを四万一〇〇〇人という数字は示しているのだろう。金は言う。

「うちの会員数の動きを見てほしい。伸び悩む時期も時にはあるが、成長を続けている。急増することだってある。大きな特ダネを出した後には、とても多くの人たちが支援会員に申し込んでくれて、努力が報われる」

ニュース打破の事務所はソウル中心部のビルの一フロアで、普通のテレビ局が持つ大きなビルに比べればささやかなものだ。だがスタジオやイベントフロアも備え、玄関にはこれまでのスクープで得た各種の賞が誇らしく並ぶ。四〇人を超えるスタッフには若者が多い。

気になるのは大手メディアとの関係だ。韓国は新聞やテレビの大手メディアが言わばエリート的で、非常に力が強いし、それだけに新興メディアには冷たいと聞くことがある。サムスン会長買春ビデオの特ダネも、金によると大手メディアはすぐには後追いせず様子見で、サムスンが弱気のコメントを出した後で報じ始めたという。あまりニュース打破に信頼や敬意は持っていないのだろうか。

「あまり近い関係ではないね。彼らは私たちに言及するときニュース打破という言葉を使わず「一部ネットメディア」のような言い方をする。がっかりするのだけれど、でも関係は少しずつ良くなっている」

特ダネを連発すれば、無視はできなくなる。日本でも、週刊文春がスクープを連発して二〇一五年ごろから「文春砲」の異名を取り、注目されたのと前後するように、新聞やテレビもかつての「一部週刊誌」という引用の仕方をやめ「週刊文春が報じた」と実名を記すようになった。イギリスやアメリカではこれが普通である。日本でも、あるいは韓国でもこれからはそうなっていくかも知れない。

「権力の濫用や、大企業の幹部による不正に光を照らし、市民が知るべき情報を知らせることはとてもうれしい仕事だ。違うかい？」と金は私に笑いかけた。「調査報道は報道に不可欠なもの。それ以上に、民主主義に不可欠なものだ」

抑圧をかいくぐれ

だが世界には民主主義の度合いが低く、報道の自由が強く制限されている国もある。ベトナムもその一つで、アメリカの人権NPO「フリーダムハウス」は報道抑圧度(最悪が一〇〇)を八五としている。そんなベトナムでも調査報道に挑む記者はいる。イギリスのオックスフォード大学ロイタージャーナリズム研究所の報告記事によると、軍の経験がある記者が「軍事作戦方式」と称して一つの地区に数か月にわたり〝駐屯〟し、警察官がトラック運転手や農民、流通業者から賄賂を受け取る姿をビデオに収めた。賄賂の見返りはインチキ食品を見逃すこと。大豆で水増ししたコーヒー豆や、異物を混入した食用油だ。腐敗した裁判官や刑務所職員、人身売買を暴く記者もいる。

この報告をした同研究所のスティーブン・ホイットルは「彼らが取材で守っている手順は、BBCのものと遜色ない。誠実さ、正確さを求めること、相手を誘導するおとり取材は避けるべきこと、そして秘密録画、録音はいつどんなときに使うべきかということだ」と指摘している。BBCの報道は潜入取材や隠し撮りをかなりの頻度で用いる。この報告を書いたホイットル自身がBBCの元報道倫理担当幹部で、BBCの取材規定をつかさどっていた当事者だけに、言葉に重みがある。

そんな調査報道の技術をベトナムで学生に教えるNGO「メディア開発構想センター」のトラン・レ・トゥイに話を聞いてみた。ベトナム国内で大学と連携し、ジャーナリズム教育に当たっている。

「ベトナムのメディアは自己検閲するけれど、経済的には国から独立していて、競争も激しい。今は九〇〇ぐらいのメディアがある。二〇〇八年ごろまでは、調査報道はベトナムメディアの売りの一つで、ドル箱といってもよかった。ところが二〇〇八年、汚職を追及した有名な記者が逮捕され、何人かの編集者は解雇されるという事態が起きた。以来、新聞の編集部はどこも、政府の腐敗に関する調査報道にはとても慎重になった」

隠し撮り、身分を偽っての潜入取材といった戦闘的な手法は今も普通に使われるとトランは言う。が、法に触れて逮捕されることは避けなければならない。記者が自分を守るため、何をすれば処罰されるか、どうすれば安全かという知識を身につけた記者を養成することがトランの任務だ。悩ましいのは、報道に関連する法律が曖昧なことだ。「法律を明確にする必要がある」と訴える。

トラン・レ・トゥイ

どんな抑圧国家であったとしても、恣意的に記者を処罰することは通常できず、何かしらの根拠法がある。この適用範囲が曖昧だと、政府の裁量が広くなる。記者から見れば、何をすれば危険かが読めない。言論を抑制する法律がある場合でも、適用の基準を明確にすることは、最低でも必要なことだ。トランが求めているのはそういうことである。実は日本にも発言や報道を対象に、名誉毀損を犯罪として処罰できる刑法二三〇条の規定があるため、他人事ではない。

トランが大学で教える調査報道の授業では、実際に調査報道記事をベトナムの有力紙に掲載させることが学生たちに求められる。ネタを探し、提案し、内容に見込みがあればトランがゴーサインを出す。そして有力紙の記者と連絡を取り、学生との共同取材で事実を裏付け、記事にまとめる。それが単位を得る条件だ。かなり厳しいが、トランは「驚くことに、八割の学生が記事の掲載にこぎ着ける。中には有力紙の一面を飾る学生もある」と言う。ジャーナリズム教育はイギリスやアメリカの大学の場合、とにかく実践、実践で、取材し記事を書くことが求められるが、トランのスタイルもそれに近いといえる。

中国共産党の壁はデジタルデータを止められない

アジアの調査報道は中国の状況を抜きに語れない。世界最大の人口、世界二位の経済規模を持ち、新聞、テレビもインターネットメディアも発展を続けてきたのに、これを共産党一党が支配し、報道抑圧も著しい。香港生まれの調査報道記者で、アメリカで長年ジャーナリストとして活動した陳婉瑩《ちん・えんえい》・香港大学ジャーナリズム・メディア研究センター元所長が二〇一六年、アジアの調査報道記者のイベントに寄せた報告によると、中国でも調査報道は一九九〇年代半ば以後、発達してきていたという。元は中国共産党自体も民衆による権力のチェックという発想を持ち、中国語で「輿論監督」という言葉が用いられた。英語の「ウォッチドッグ・ジャーナリズム」(権力を厳しく監視するジャーナリズム)の中国語版だと陳は解説する。

一九九〇年代、中国で新聞や雑誌が発達し、政府も企業も調査報道の対象になった。警察官による暴行、タクシー業界の闇カルテル、違法な売血の横行とその結果によるＨＩＶ・エイズの拡大、政府の運営する薬物依存治療センターで女性が性産業に売り飛ばされていた実態などが報じられた。

中国政府が報道規制をやめていたわけではない。陳によると、取り締まりを受ける危険は常にあり、中国の記者たちは政府に弾圧されない「ぎりぎりセーフ」を狙う技術が求められるという。この時期「セーフ」の限界が広がっていたということだろう。「中国調査報道の春」は二〇〇三年、重症急性呼吸器症候群(ＳＡＲＳ)騒ぎで中国メディアが世界にも通用する報道をしたあたりがピークだったというのが陳の見方だ。徐々に政府が引き締め策を取る。「ぎりぎりセーフ」を狙う技法の一つだった「越境報道」、つまり、地元のネタではなく遠くの地方の問題を調査報道することで、地元当局からはお目こぼししてもらうやり方も通じなくなった。

習近平体制になってインターネット規制も強化され、報道規制はいよいよ厳しくなった。それまでの著名な調査報道記者は次々に大手メディアを去った。あまりハードではない体裁のネットメディアを設立したり、社会問題や犯罪に取り組む団体を作ったりと針路を変えている。

援護射撃するようにニューヨーク・タイムズやブルームバーグといった外国勢が共産党幹部の親族による巨額蓄財を暴いたりもしたが、ニューヨーク・タイムズのウェブサイトは中国から見られないようアクセスを遮断されている。ブルームバーグは二〇一三年一一月、準備していた中国富裕層に関する記事をボツにしてしまう。同社の収入を支える情報端末の売上に影響するとみて、報道を中止した判断があったと伝えられている。

こうした陳の見方に加え、中国のあるメディア関係者は私に対し、匿名を条件に「伝統的なルールがいくつかある。中国メディアにとっては宗教、少数民族、新疆地区、外交、軍事などがタブーとなっている」と付け加える。これらへの調査報道は許されないという。

それでも中国の調査報道は終わらない——そう陳はみる。一つは国際協力調査報道の勃興だ。中国メディアの記者として動くのが難しければ、他国の記者の力を借り、他国のメディアに紛れて取材し報道すればいい。そう思わせたのが、第1章で紹介した国際調査報道ジャーナリスト連合（ＩＣＩＪ）によるパナマ文書報道だった。中国共産党幹部の親族によるタックスヘイブン匿名法人設立が暴かれると、中国共産党は直ちにパナマ文書に関連する記事や投稿を中国国内からは閲覧できなくする措置をとったが、中国では密かに関心を呼び、あの手この手でパナマ文書報道に接しようとする動きが絶えなかった。ＩＣＩＪによるパナマ文書プロジェクト参加記者リストに中国の記者はいないが、今後のこうした国際共同プロジェクトに密かに中国人記者が参加することも可能になっていくはずだ。そして、どんなに中国政府が新聞やテレビ、インターネットを規制しても、中国の人たちの真実に対する興味関心は止められず、したがって情報の流れも止まらない。

現に、中国政府が遮断しているソーシャルメディアの一つ、フェイスブックに書き込む中国人は多い。ＶＰＮ（別の場所からネットにつないでいるように見せかける仕組み。自国政府のアクセス制限の無効化にも使える）が広く使われていることは今や公然の秘密で、ニューヨーク・タイムズ、中国共産党の批判サイトまでアクセスしているという。デジタルデータの流れを共産党の壁は止められない。調査報道記者の「セーフ」領域が息を吹き返すのも、時間の問題かも知れない。

第4章　明かされる「秘伝」

「人間らしく、そして正直に。愛する人を亡くし悲しみの中にある遺族であれ、厳しい内容を問うつもりの企業役員であれ、なぜ話してほしいか、本当の気持ちを伝えなければならない」

アメリカABCテレビ、シンディ・ガリ

1　記者による記者のためのスクープ教室

一八〇〇人が学ぶ二〇〇の講座

「内部告発をする人たちを対象とした弁護士事務所というのがあって、これが記者にとって役に立つ。内部告発者は非常に勇気ある人たちで、同時に彼らへの取材では気を使う必要がある。その意味でも、そうした弁護士事務所や関連団体の人々と、友達になることはとてもいい。彼らはとてもいい情報源になってくれる。例えば「不正と闘う納税者たち」という団体」

六〇人ほどの記者たちが耳を傾け、真剣な面持ちでメモを取る。話のテーマは「内部告発者を発掘し、かつ保護するための技巧」。政府や企業の不正をただそうと努力する調査報道記者にとって、内部告発者は大切な情報源となる。だが、いったいどうやったら出会えるのか——そんな疑問に答えるための講座だ。

話しているのはアンジー・モレスキー。「法律事務所をしっかり取材すべきだ」とアドバイスする彼女自身、フロリダ州で内部告発者を支援する「ジェームズ・ホイヤー法律事務所」の広報担当兼調査員を務める。それより何より、前職はアメリカ各地のテレビ局で調査報道記者やキャスターとして活躍し、数々の賞も得てきたジャーナリストだったのである。だから記者が知りたいツボを外さない。

これは、アメリカ調査報道記者編集者協会（ＩＲＥ）の二〇一六年大会の一場面である。大会といっても、決議を挙げたり全体討論をしたりではなく、このような「記者による記者のための講座」が約二〇〇もあり、実質四日間にわたる日程のほぼ全てを埋め尽くす。「政府が支出した金の行方を追跡する手法」「スポーツ分野の調査報道」「刑事裁判は公正か？」「健康担当記者にできる調査報道」「データをデジタル地図に」「取材に使えるアプリ五〇選」「エクセル入門」「エクセルでは物足りない人に」「地元の教育システムを調査報道する方法」「読者・視聴者参加型の調査報道」「語る言葉を築く——強姦事件の驚くべき報じ方」「銃問題の報道」……。中には「あなたの調査報道をポッドキャストにする」「本にする」という講座もあり、フリーランスや小さなＮＰＯの記者には報道で稼ぐための重要なノウハウになりそうだ。

会場となったニューオーリンズのマリオットホテルの会議室一〇室以上を使い、全米と海外を合わせて一八〇〇人が参加した。ある者は講師やパネル討論者として登壇し、あるいは受講者として席に着き、記者同士が取材の技法やノウハウを教え合う。

モレスキーの内部告発者取材講座もそんな一つだ。モレスキーは続ける。

「内部告発者を支援する団体に取材に行って、スタッフと仲良くなろうとするとき、非常に大切なのは「自分が欲しいのは特ダネだ」とはっきり言うこと」

この意味は明白だ。ここをしっかり印象づけなければ、法律事務所から、「内部告発者スミスさんの裁判経過報告会」などという記者会見の案内が来るだけになってしまう。それも必要ではあるが、記者が本当に欲しいのは自分だけのスクープなのだ。

モレスキーはもう一つ、良い記事を出す鍵について触れた。

「こうやって法律事務所の人たちと信頼関係を築くこと。当事者を紹介してもらい、話をよく聞くことにより、記事に〝ヒューマン・エレメント〟を与えることができる」

ヒューマン・エレメント。例えば、企業が汚染物質を密かに放出しているという問題を内部情報でつかんだとする。いつ汚染が起き、施設のこの部分からこういう物質が漏れ、周辺の汚染濃度が何ppmになり、何人が診察を受けていたことが分かった——というだけでは、少なくとも英語圏のジャーナリズムではあまり良い評価は受けないだろう。人間が記事に登場しなければならない。この場合は、実際に汚染で影響を受けた人だ。その人の証言や、被害の描写があって初めてニュースが完成する。だから記事の書き出しは「ジョン・スミスはその朝、台所で愛猫ココが苦しんでいるのを見て驚愕した。同時に、窓から刺激臭が流れ込んでいることに気づいた」のような導入も多い。出てくる人々が実名であることは大原則であり、ちりばめられた人物プロフィールが、記事に出る市民と読者との距離を縮める。報道はデータや統計にとどまらない、人間らしい血の通った話になり、社会に議論を呼び起こす力を持つ。

モレスキーに続いて話を始めたのは、国際調査報道ジャーナリスト連合（ＩＣＩＪ）編集者の一人で元ウォールストリート・ジャーナル記者のマイケル・ハドソンだ。

「問題企業や政府の「元職員」と知り合うのが鍵だ。フェイスブックやリンクトインを使う」

インターネットのソーシャルメディアで公開されている勤務先や肩書きを検索するなどの方法を使うわけだ。「リスクマネジャー」「品質管理担当」などの肩書きが狙い目だ、とハドソンは言う。

「裁判の記録も使える。従業員が男女差別、人種差別、年齢差別だとして会社を訴えたような訴訟だ。従業員にひどい扱いをする会社は、顧客にもひどい扱いをするもの。消費者がメーカーを訴えた訴訟の（会社に不利な証言をあえてした会社内部者などの）証人もいい」

裁判は公開であり、記録も公開なのが普通の国だ。アメリカでは連邦と各州のそれぞれに裁判システムがあり、連邦の裁判記録は訴状、証拠文書から証人尋問の速記録も全てインターネットの専用データベースで原則完全公開され、自分の身元とクレジットカードを登録すれば一ページ一〇セント(一〇円)でダウンロードできる。日本からでも可能だ。州の裁判所の中にはネットでは公開していないところもあるが、紙のコピーは取れる。ネットにせよ紙にせよ、公開される記録には原則として黒塗りはない。それらをもとに事情を調べ、当事者や証人に連絡をとって、政府や企業の不正を明らかにするための協力をお願いするというのは調査報道の基礎だ。イタリアの調査報道記者、ルビノやアネシがアフリカのマフィアを調べる際に裁判資料を用いたのと同じで、ジャーナリズム界の世界的な手法である。

情報公開制度の裏技

別の講座にも参加した。「アメリカの情報公開制度を使い、自分の国の情報を得るには」という魅力的な題名である。講師の一人はIREの記者教育担当ジェイミー・ダウデル。若くて元気な彼女はミズーリ州の新聞セントルイス・ポスト・ディスパッチの元記者だ。もう一人の講師はIREの事務局長で記者経験二〇年以上のベテラン、マーク・ホービットだ。

「アメリカの情報公開制度はどの国からでも、どの国の人でも使える。うまく使うコツは、役所の担当者に相談すること。どんな公文書を探しているかを説明し、どういうものならあるかをまず教えてもらう。その上で「先日話した通り、以下の文書を請求します」とやれば、そんな文書はないなどと誤魔化されることはない」

日本でも情報公開制度を使う上で一番難しいのは、文書の特定だ。役所にはどんな文書があるのか。例えばある湖の水質について調べたくても、「水質検査報告書」などという好都合なものがあるのか、それとも管理事務所の日誌に詳しい記載があるのか、漁業関連の連絡簿があるのか、さっぱりわからない。絞り込まずに「水質に関する文書全て」とするのが無難だが、非常に時間がかかることもある。逆に絞り込みすぎると「文書不存在」で終わる。それを避けるにはよく相談するのが一番、という基本の話だ。

「「自分はスウェーデンのテレビだ」とか自己紹介する必要はないが、状況次第では「自分はメディアで、報道のために使うのだ」と言った方が急いでもらえるということもある。逆に、CNNだと言うと恐れられる(対応が慎重になってかえって時間がかかる)かも知れない。役所側が請求者に、なぜこの情報が必要かを聞くことは禁じられているが、説明してあげた方が良い結果を生みそうなら説明してもいい」

役所側も四角四面のマニュアル対応ではなく、相談すれば親切になってくれることもあるということだ。これはどの国でも同じであろう。

「外国の記者にとって使えそうなのは、例えばアメリカ政府の契約データベース。各国の企業や団体との契約が載っている。食品医薬品局（FDA）には、輸入拒否のリストがある。アメリカに輸送されてきたが、不潔、危険、有害などの理由で拒まれたものだ」

それで得られる情報はアメリカ国内向けニュースのように思えるが……。

「もしそんな食品が、自分の国では売られているとなったら、それはあなたのニュースになる可能性がある」

なるほど、アメリカでは禁止されている物質が使われ輸入拒否なのに、日本では普通に売られている、日本の消費者が危険にさらされている——という記事になるわけだ。早速調べたくなってくる。アメリカの情報公開制度は日本のように個人名や電話番号などの個人情報を黒塗りしない。個人情報であっても公文書の記載事項であるからには公的情報なので、公開される。輸入拒否リストの「出荷元」情報も隠されないから、検証できる幅が日本とまるで違う。

講師のジェイミー・ダウデルは情報公開だけでなく、ネットで情報を集める達人でもある。曰く、グーグルは単に単語を入れて検索するだけじゃ駄目、政府のページだけに限定したり、PDFファイルだけを検索したりの方法がある。プレゼンテーションソフト「パワーポイント」のスライドファイルをうまく探し出せば、そこに連絡先が書いてある可能性が高まる。電話番号、生年月日が含まれた情報の見つけ方もある。自動車購入情報も公開データベースがあって、ほらこれは私のフィアンセが買った車よ。国際的な貨物のやりとりが分かる貿易データベース、アメリカから各国への軍事援助の内容が書いてある報告書、議員の出張旅行記録……。

話を聞きながら気になった。私もアメリカの情報公開制度を使ったことがあるが、日本に比べて公開範囲が広い一方、ひどく時間がかかる。どうにかならないのか質問すると、彼女の答えは明快だった。

「あ、催促しないと駄目駄目。週に一回ぐらい、あれはどうなりましたかって問い合わせるべきね。同じことばかり聞くのが嫌なら、例えば「迅速にするためこちらでできることはありますか」とか何とか。これは調査報道記者がみんなやること」

天下のアメリカ情報公開制度も、情報の自動販売機ではない。結局はこうした人間同士のコミュニケーションが取材の鍵を握ることに変わりはない。

2　取材に応じてもらう秘策

テレビ記者たちの意外な切り札

多数の講座の中でも二〇〇人以上の人を集め、立ち見が出る盛況だったのが「どうやって取材に応じてもらうか」。アメリカのＡＢＣ、ＣＮＢＣ、ＣＮＮのテレビ記者が経験からそんな秘訣を話してくれるという。大会のプログラムでは内容紹介として「無理だと思うだろう――記事の主要人物はカメラの前で話してくれない。だが、彼らを説得する、実証されたテクニックがある。詐欺師から性犯罪者まで、到底話してくれそうもない人たちにインタビューの席についてもらうためには何が有効かを、記者たちが公開する」とある。

いったいどんな技を使うのか。心理学を応用した説得の「マジック・ワード」があるのか、涙のお願いか、それとも……。

「何より二つのことを覚えておいてほしい」

ＡＢＣのシンディ・ガリが最初に強調した。

「人間らしく、そして正直に。愛する人を亡くし悲しみの中にある遺族であれ、厳しい内容を問うつもりの企業役員であれ、なぜ話してほしいか、本当の気持ちを伝えなければならない」

記者として何を聞きたいのか、どうして世の中の人はこれを知るべきなのか。誤魔化さず自分の言葉で説明すること。当たり前すぎる。だが、これが重要だと調査報道の取材経験から彼女は説くのだ。

三人のテレビ記者たちが話す内容はかなり共通していた。すなわち、まずは正直に、そして記者が胸を開くこと。ガリは「取材の前に、話をする時間を取ること。多くの人はテレビインタビューなんて初めてで、恐ろしく感じるもの。カメラやライトやその他の機器ではなく、まず最初に記者を知ってもらう。録画インタビューなら、やり直しもできると伝えること」と言う。

取材に応じて話すことで生じるリスクについても説明しておくべきだ、と釘を刺したのがＣＮＢＣのディナ・ガソフスキーだ。報道をきっかけに、証言した人への苦情、嫌がらせや、訴訟まで起きかねない。「放送後に何が起きるか、最良の見通しから最悪のシナリオまで説明する方がいい。記者にとっては多くの取材の一つだろうが、取材を受ける側はこんなことは初めてで、報道の影響力を知らない」とガソフスキー。もしも取材を受けてくれた人が嫌がらせや報復を受けた場合「そのことも続報にできると説明すること、つまり取材に応えてくれた人を見捨てないことを明示すること。インタビューの前だけでなく、後でもその人と関係を保つことが大切だ」。

ＣＮＮのスコット・ザモストも「公明正大さが鍵。インタビューの趣旨を正面から説明し、インタビューは（説明の）好機であって対決の場ではないことをはっきりと伝える」と言う。

結局、心理学のマジック・ワードでも泣き落としでもない。拍子抜けするような、ほっとするような「テクニック」である。記者は説得する仕事、アメリカでも日本でも同じ——そのことをあらためて感じる。

この講座で披露されたコツの一つは「不用意な約束をしないよう注意」ということだ。

CNBCのガソフスキーは「どういう形のインタビューでもいいからまずOKをとろう、と考えるのは普通。でも、いったん匿名インタビューもありうると話した瞬間から、普通のインタビューでも応じるつもりだった人が、リスクが少ない選択肢を選ぶようになる。取材相手の身元を隠さなければならない場合はあるが、そうは思えない場合、記者は「実名顔出しで話していただいてこそ、意味がある」とこだわって求めなければならない」。そして彼女は「それが受け入れられるので驚くと思う」と付け加える。

IRE 2016 年大会の講座の一つ「どうやって取材に応じてもらうか」の様子(アメリカ・ニューオーリンズ)

英語圏では、映像のモザイク処理や匿名報道をどうしても必要な場合だけに厳しく制限する。

匿名やモザイクは、変造を施した検証不能な情報を読者や視聴者に提供することになるし、ジャーナリズムの歴史の中で、捏造やでっち上げを何度も誘発してきた苦い教訓があるからだ。匿名化には、嘘の情報も保護してしまう落とし穴があるのである。

一方、CNNのザモストは「アポなしで始まった取材から、きちんと座って話を聞くインタビューの機会に発展することもある。その場合、アポなし取材の方は記事や放送に使わない、という約束は避けなければならない」と注意した。取材に応じなかった人を、勤務先の周辺や自宅周辺で待ち、少しでも話を聞かせてもらおうとしたら、相手が「そこまでやるならちゃんと話す」と、正式インタビューを設定することは確かにある。だがその正式インタビューでは、不意打ちで話したこととまるで違う、よく練られたストーリーを用意していることも往々にしてある。どちらが真実なのか、吟味の結果によっては不意打ちの方を採用することもある。

ザモストは同時に、政治家など公職者の問題を追及し、コメントを拒まれた場合の秘策も明かした。「広報担当者にその公職者のスケジュールを確認するといい。そして広報担当者には「イベントの開会セレモニーの場に押しかけて、そこでコメントを求めるのはあまり望ましくはないと承知はしておりますが、しかしカメラの前でコメントしてもらう必要があるのです」と伝えるのだ」。一般客もいるイベントの場で記者から追及されるよりは、普通の取材に応じた方がずっとましだ。そのことを分かってもらい、インタビューが可能になるという算段だ。強引だが、セレモニーやイベントに出るような立場の人に対してなら許容範囲という考えに基づくのだろう。

デジタル時代こそ足で稼ぐ

講座の中にはインターネット情報収集やデジタルデータ処理のワークショップが多数あり、人気を博した一方、こんな助言も出た。

「情報を見つけるには情報源を作ること。それには、可能な限りランチをするんだ。毎日することもある。週に数日以上はランチをする」

R・G・ダンロップ、「ケンタッキー調査報道センター」の記者だ。これもまた調査報道NPOの一つである。ダンロップはその前は三五年間にわたり、ケンタッキー州の地元紙クーリエ・ジャーナル記者として活躍し、ピュリツァー賞の最終候補に三度入ったことがある。

講座のテーマは「刑事事件のニュースをどう調べるか」。裁判所や警察、自治体が持つ公文書を使った情報収集の技法と合わせ、どうやって取材源を広げていくかも議論になった。事件や裁判だけではない。実際、ダンロップが自分の経験として披露したのは、「拘置所なき拘置所長」がいるというスクープだ。ケンタッキー州独特の「拘置所長公選制」に基づいて拘置所長になった人の中に、所管する拘置所を持たない人がいる。つまり仕事もない。なのに、最高六万九〇〇〇ドル（六九〇万円）の年俸を州から得ている。こんなことが起きた原因は、複数の拘置所が統合された後、統合で消滅したはずの拘置所の所長という公職だけがなぜか維持され、ちゃっかりとそれに選出され続けていた人がいたことにある。ペリー郡選出の拘置所長ジネット・ヒューズがその典型例として記事で紹介されている

「これは偶然見つけた話だった。取材した全ての人が私たちに話してくれたわけではないが、何が起きているのかを解説し、取材の方向を導いてくれる人がいた」

詳しくない分野に入っていく際には、「水先案内人」になってくれる情報源ほどありがたいものはない。ダンロップは「現職でなくても、辞めた人の取材も軽く見るべきではない」と話す。引退後の人でも業界や官庁の事情に詳しく、人脈が豊富であることは常にある。現職の人を紹介してくれることも多いからだ。

ダンロップがこうした情報源を築くために取っている作戦が、先に紹介した「ランチ」である。

「一緒にランチをするのは地元の重要な立場の人たち、政策を作っている人たち、各機関の

広報担当者たちなどだ。これは顔を合わせて、オフレコで、ただ楽しくやる」と話す。

ランチがオフレコなのはいいが、いざ情報を取る際には、どうするのか。

「話を聞くには、いくつかやり方があるが、引き下がらないことだ。常に電話をする。一〇回、二〇回、三〇回と電話して、留守電を聞くのを忘れたとかそんな言い訳を与えないようにする」

ただ仲良しグループを作るのではない。話を聞くときには聞く。それに備えてのランチが、調査報道記者の日常なのである。

こんな特ダネ講座が二〇〇以上も開かれる年一回の大会だけが、このＩＲＥの秘伝開示の場ではない。五〇〇〇人を超す会員には日常的に情報提供をしている。ウェブサイトには取材のコツやノウハウを記したプリントが三五〇〇枚以上蓄積され、「警察」「環境」などのキーワードで検索できる。会員が過去書いてきた調査報道の記事や放送のデータベース、過去の講座、講演の音声資料、情報公開請求の参考になる資料、分野別メーリングリストの案内まで揃っており、取材経験やスキル、知識の共有態勢は万全に整っている。記者は自分の経験や勘を抱え込むのではなく、仲間と共有するという哲学が徹底している。

記事は殺せない

時間を四〇年さかのぼる。

アメリカ・アリゾナ州都フェニックス、一九七六年六月二日正午前。ホテル・クラレンドンの駐車場で、乗用車ダットサン710（日本名・日産バイオレット）の床下に仕掛けられた爆弾が爆発した。運転席の男性は片足を吹き飛ばされ、病院に運ばれた。残る片足と片手を切断し治療を受けていたが、一一日後に死亡した。地元の有力紙アリゾナ・リパブリックの調査報道記者ドン・ボールズ、四七歳だった。

職場にボールズが残したメモには「ジョン・アダムソン　一一時二五分、クラレンドン・ハウスのロビー」と記されていた。不動産の不正取引と大物政治家が絡む疑惑の情報提供を申し出てきた人物がおり、その待ち合わせだった。待ち合わせ時間の数分後、ホテルのフロントにボールズ宛の電話がかかる。ボールズは二分程度話すとロビーを出て車に戻った。そこで爆発が起きた。偽の情報提供電話で記者をおびき出し、爆殺したのだ。

ボールズの死から五日後、彼が出席する予定だった催しがインディアナ州インディアナポリスで開かれた。第一回の調査報道記者編集者協会（ＩＲＥ）大会である。

一九七〇年代のアメリカはウォーターゲート事件とベトナム戦争の中で調査報道の勃興期に

新聞博物館「ニュージアム」で展示されているドン・ボールズの車（実物）（アメリカ・ワシントンDC）

あった。まだ報道の傍流で、そんなことをする記者は変わり者の仕事中毒と思われていた。仕事の仕方も一匹狼方式だったが、そんな中でも調査報道記者の連携や協力を模索する動きが生まれていたのだ。各地の記者が集まり、調査報道の手法やノウハウを教え合い、力を付けていくための組織を作ろうと話し合ってIREを設立することになった。

ボールズのいないIREの第一回大会で、二〇〇人の調査報道記者たちは決意する。アリゾナ州フェニックスに行こう。そして、ボールズの取材を引き継ごう。我々は証明してみせる。記者を殺しても、記事は殺せない。

「アリゾナ・プロジェクト」と名付けられたこの合同取材には、フェニックスのアダムズホテルを拠点に、アメリカ各地から集まった三八人の調査報道記者が参加した。休暇を取ってきた記者も、会社が出張扱いとしてくれた記者もいた。調べるのはボールズ殺害事件ではない。ボールズが調べようとしていた疑惑である。ホテルの部屋からはベッドが撤去され、ファイル棚と机、タイプライター、葉書の半分ほどの情報カードが所狭しと並ぶ小さな編集室と化した。記者たちは資料を入手し、現場を訪れ、不動産をめぐる不正や、政治家とギャングの取引が横行している多数の証拠を発見した。さらに、地元上院議員で大統領選にも出馬経験があるバリー・ゴールドウォーターの親族関連の農場が不法移民を使っているとの情報を入手した。現場を訪れた記者たちが武装警備員を説得して中に入ると、トイレさえない不潔な小屋がある。中には放置された汚物やハエの群れとともに暮らすメキシコ人労働者たちがいた。

一連の記事は翌一九七七年三月一三日から、いくつもの新聞が一斉に報道を始めた。大成功とはいえない。この合同取材にニューヨーク・タイムズやワシントン・ポストは関心を示さなかった。ボールズのいたアリゾナ・リパブリックさえ、記者は参加したものの、記事自体は掲載してくれなかった。それでも、これがアメリカで最も初期の合同取材プロジェクトとなり、ＩＲＥの精神を形作ることになった。四〇年ののち、会社の壁を越えた調査報道の合同取材がデジタル技術の助けを得て世界規模で展開されるようになることを、アリゾナ・プロジェクトのメンバーたちは知らない。

3 抑圧政府から身をかわす技法

世界に協力ネットワーク

IRE大会のように調査報道記者がお互いに助け合い、力を伸ばす場は世界中に広がり始めている。アジア地域では初の「アジア調査報道大会」が二〇一四年にフィリピンの首都マニラで、二〇一六年には第二回大会がネパールの首都カトマンズで開かれた。いずれも、地元で調査報道記者の組織が二〇年以上活動している国だ。この大会を主催したのは「世界調査報道ネットワーク」(GIJN)で、各国の調査報道メディアが加盟している。

大会の内容はいわば小型版IRE大会で、取材のコツを伝授するための講座や、経験を交換、共有するためのパネル討論が並ぶ。四〇〇人が参加した二〇一六年の第二回大会では、三日間にわたり六〇以上の講座が開かれた。「汚職の調査報道」「健康分野の調査報道」「身元を隠しての潜入取材——どんなときに用いるか(あるいは、用いないか)」といった定番の取材技法。「携帯電話向けコンテンツの達人になるワークショップ」「データベースの技法」などデジタルの知識。それに加え、特にアジアの記者に必須の講座もある。「紛争取材――アフガニスタン、インド、ネパール」「テロや過激組織の取材」「アジアで使える公開データの見つけ方」などだ。「法による攻撃から記事を堅守する」という講座もアジア地域には切実なテーマだ。アメリカなどと違い報道の自由に制限がある国も多く、記事が名誉毀損訴訟などを通じて司法の介入を受けやすい。講師陣はメディア法の専門家三人。イギリスの団体「メディア弁護戦略会議」の弁護士アリンダ・フェルミールや香港大学のドリーン・ワイゼンハウスらだ。ワイゼンハウスは長くジャーナリストとして、ニューヨーク・タイムズの編集者などを務めてきた。その前にはニューヨーク市の検察官をしていたこともある異色の経歴の持ち主で、このテーマにぴったりといえる。

インドの記者が手を挙げた。名誉毀損やプライバシー侵害の名の下に記者への攻撃が強まっていると訴える。

「名誉毀損は民事訴訟になるだけでなく、犯罪としても法律に規定されていて、摘発を受ける恐れがある。そして社会の中でも、情報の権利に劣らず名誉の権利が大切だという声が上がっていて……」

不正を暴露して社会に議論を呼び起こそうとしても、報道内容によって名誉が傷ついた、迷惑を被ったという苦情の方が市民の共感を得やすいのがインドの事情だという。

元検察官、元ジャーナリストのワイゼンハウスは「じゃあこの人に相談すべきよ」と、司会のフェルミールを指さした。フェルミールが所属するイギリスのメディア弁護戦略会議は既に各地の裁判所でメディアに対する名誉毀損訴訟を支援しており、地域の特徴に応じ、それぞれの裁判所に適した訴訟方針を組み立てることができるという。フェルミールも「世界中から相談がある。地元事情に精通した弁護士、国際状況に詳しい弁護士もいる」と応じた。

「法による攻撃」よりもっと野蛮な問題もある。女性記者たちは殺害予告、強姦の脅しをしばしば受けている。彼女たちの安全確保は、アジアで根深い女性への差別と蔑視を背景にしたテーマだ。「女が取材するということ」と題された講座では、三人の女性記者が演壇に並んだ。

「ネタを追って現場にいるとき、私の身体に触ろうとする人や、猥褻な行為をしようとする人に会わなかったためしがない」

こんな衝撃的な話をするのは、インドの記者ステラ・ポールだ。環境、人権問題を中心に、フリーランスとしてロイター通信などに記事を提供してきた。もちろん女性への差別や暴力も彼女の重大なテーマだ。辺境地域で何が起きているかを報告することも多い。ポールは「私が女だから、脅してもいいと思っているのだろう」と言う。彼女の助言は「どんな現場に入ると

第２回アジア調査報道大会（ネパール・カトマンズ）

きも、地元の人たちとのつながりを大切に」。地元の人々と仲良くなれば、自分では分からない危険が迫っていることを知らせてくれることがある。そのためには「少しでも地元の言語を覚えて、地元の人と知り合いになって、その場にふさわしい振る舞いをすること」だと説く。

ポールはもう一つ指摘した。インターネット上の嫌がらせや侮蔑的なコメントだ。女性記者は特にターゲットになりやすいことを挙げ「ソーシャルメディアではハラスメントにさらされやすい。同時に役立つつながりもできる。ソーシャルメディアを使うときは、面の皮が厚くなくっちゃ駄目」と指摘し、こう言う。「どっちにせよ、ジャーナリズムの仕事は心の弱い人には向いてないわけだしね」

カンボジアの記者ポーン・ボパは「報道されたくない話を私が調べて報じるとき、いろんな政府機関から反応がある。それでますます記事を出そうという気になる。一〇も一五もの政府高官から、ひどいことになるぞとか、そういう脅しの電話も来るけれど……」とガッツを見せる。彼女は英字紙カンボジア・デイリーの記者として森林違法伐採疑惑を取材中に軍から銃撃されたこともある。危険な目に遭った経験も多いポーンは、蛮勇を勧めない。「もし殺害予告を受けたなら、そうまでして行う価値がある取材なのか、そのことは考えるべきだ」と言う。その上で「もし答えがイエスなら、国外から報道することも検討した方がいい」と呼びかけた。

二人をまとめる司会、ベテラン記者の陳婉瑩《ちん・えんえい》・香港大学ジャーナリズム・メディア研究センター元所長は「女性記者の安全はアジアでますます主要な問題になってきている」と厳しい表情を見せた。「状況によっては「記事《ストーリー》より無事《セイフティー》」であるべきだ」

メールは葉書、誰でも読める

二〇一四年の第一回マニラ大会、一六年の第二回カトマンズ大会を通じて人気を集めたのは「ネット上の安全」講座だ。インターネットを通じたやりとりは常に盗聴、盗み見の危険を伴うことは常識になっている。携帯電話はどうか。記者の通信や行動の秘密を確保するにはどうすればいいか。マニラ大会では「アイスランド近代メディア研究所」のコンピューター技術専門家スマリ・マカーシーや、デジタル技術を社会運動に活かすヨーロッパの市民団体「タクティカル・テック」のボビー・ソリアノらが、デジタル技術による監視をかわす方法を伝授した。

「メールは葉書のようなもの。誰でも読めると思った方がいい」

薄々は分かっているものの、こうはっきり言われるとショックだ。彼らの話をまとめると、こうだ。

「もしもあなたのセキュリティが破られた場合、自分だけの問題ではない。あなたの取材源と同僚を危険にさらすことになる。発信元を匿名化するにはＴｏｒ《トーア》かＶＰＮ（いずれもネット接続に関する技術）を使うのがいい。中国ではＶＰＮキットが四〇〇〜五〇〇ドルで売られていて、皆それを使って（中国政府の遮断をかいくぐり）フェイスブックにアクセスする」

「パスワードをどれも同じにしている人、この中にいる？　全て別にすべきだ。一つのパスワードが流出したとき、他の全てに侵入されるリスクを防ぐためだ。一五文字以上にすることを勧めるが、強力なパスワードにしようとして、長く無意味な文字列にすると記憶困難になり、逆に問題を招く。ついその辺に書き留めてしまう。これは最悪。おすすめはお気に入りの歌詞や詩を使うこと。それに何か足すなどちょっとずつ変えればいい」

「メールの暗号化は大変有用だ。だが、よく考えて使うこと。もしも、ある調査報道記者が既に監視下に置かれていたとする。その記者が「よし、これから危険な取材をするから情報を守ろう」と決めて、突然暗号化し始めたら、政府から見てどうだろうか」

「同じことが携帯電話にもいえる。携帯を持っているということは、自分の居場所がその携帯から常に発信されているということだ(筆者注・GPS機能を使っていなくても、携帯電話は電源が入っている限り、常に最寄りの基地局と微弱な電波でつながっており、携帯電話会社側からは全ての携帯電話がどの基地局の近くにあるか把握できる)。だから、例えば記者や取材協力者が四人集まると、集まっていることが把握される。それを防ごうと、この四人が一斉に携帯の電源を切ったら監視者からどう見えるだろうか。ならどうするか？　友人に自分の携帯を預け、散歩に出てもらうべきだ」

こうした、記者の「守り」のためのデジタル知識と同時に、「攻め」の技を共有する講座もあった。イギリスBBCのポール・メイヤーによる「ネットリサーチの方法」だ。携帯電話の番号を調べる裏技、フェイスブックのユーザーネームの隠れた活用術、メールアドレスから偽名フェイスブックを見つける方法、金さえ払えば得られるインチキ学位をリンクトインに表示している人がどれだけいるか、ツイッターの多くのツイートには実は発信地情報が含まれており、それをどう活用するか……。

メイヤーの講座のスクリーンには、実際のフェイスブックやツイッターのページや、あまり知られていない民間情報開示サービスのウェブサイトが次々に表示され、使い方を実演する。多彩な情報を奇跡のように探し出してくるメイヤーに参加者たちは目を輝かせる。講義終了後にはメイヤーのところに記者が殺到し、名刺交換を求める長い列ができた。

このアジア調査報道大会を主催するＧＩＪＮの最大の催しは、二〇〇一年から二年おきに世界を回りながら開いている「世界調査報道大会」である。アメリカのＩＲＥ、アジア調査報道大会に対し、こちらは全世界規模の集まりで、やはり講座や討論が多数用意されている。ヨーロッパではベルギーに事務局を置く「ジャーナリズムファンドＥＵ」が「ヨーロッパ調査報道会議」を毎年開いている。「国際ジャーナリズムフェスティバル」は年一回イタリアで開かれ、世界中の記者が集まる。いずれも、記者が実際の経験に基づいて知識や技法を共有し、お互いの力を高め合う実践的議論の場だ。レセプションを通じて各国の記者に友達を増やす機会もある。そして、その後皆で飲みに出かけ、深夜まで議論することも多いのである。

デジタル技術で情報源保護

IREやアジア調査報道大会でデジタル技術講座が人気を集めたのは、調査報道には今やデジタル技術が欠かせない、と多くの記者が気づいているからにほかならない。例えばネット時代に内部告発を安全、秘密裡に行うための仕組みだ。

調査報道記者は常に情報提供を求める。中でも内部告発の意味は大きく、世界中で政府や大企業の不正を暴く報道の源泉になってきた。ベトナム戦争さなかの一九七一年にアメリカで起きた「ペンタゴン・ペーパーズ」事件はその典型だ。国防総省の核戦略専門家だったダニエル・エルズバーグがベトナムに関する秘密報告書をニューヨーク・タイムズに漏洩《リーク》し、アメリカ政府の公式説明が嘘だったことを暴くスクープをもたらした。

だが通常、内部告発者は所属組織を「裏切った」ことへの報復を恐れ、情報提供は極秘裡に行われる。告発者を守るには、そもそも内部告発があったこと自体を隠すのが最善だ。取材の仕方も、報道の際の表現も、細心の注意を必要とする。

秘密の内部告発をするなら、その手段がまず問題になる。告発者の勤務先メールアドレスから連絡するのは、一部始終を勤務先にも報告しているようなものだ。日本の裁判例では、会社のメールシステムを使った従業員のメールを雇用者が監視することも一定範囲で認められている。自宅からならそうした危険は避けられるが、そもそも、ネットを通じて連絡を取って大丈夫だろうか、ネットはそれほど安全なものなのか。

ネットはあまり安全なものではない。電子メールは郵便に比べ、発信者情報や通信内容の痕跡が遥かに残りやすい。しかもアメリカの国家安全保障局（NSA）が個人の電話通話履歴やメール情報を大規模に秘密収集していたことが二〇一三年、CIA元職員エドワード・スノーデンによって暴露された。当時ニューヨーク特派員として国連の取材に当たっていた私もこの影響を受けるはめになった。秘密の取材先である国連職員や各国外交官が急に私とのメールでの秘密のやりとりを避けるようになり、ひどく困ったのだ。以来、メールなんて誰に見られているか分からないということが世界の共通認識である。

そこで、安全なネット通信の確保が記者、とくに調査報道記者にとって課題になる。内部告発の投書や、内部告発者とのやりとりを、誰にも分からないよう暗号化技術を用いて行える仕組みが欲しい。その代表格が「セキュアドロップ」だ。情報提供したい人は簡単にコメントや電子ファイルを送信できる。そして、自動的に高度な暗号化が施される。第三者による盗み見を防ぎ、送信先の報道機関にさえ全く身元情報を隠すことも可能だ。つまり誰にも知られることなく記者に情報が送れる。

開発したのは社会変革の志を持つプログラマーとして知られたアーロン・スワーツで、スワーツが二〇一三年に二六歳の若さで自殺した後はアメリカのNPO「報道の自由財団」が管理している。運用に必要なのは無料のこのプログラムと数台のコンピューターなので、比較的手軽な仕組みといえる。

報道の自由財団は「政府の不正、腐敗、違法行為の暴露」に焦点を置き、記者を支援するため世界中に各種のデジタルツールやノウハウを提供している。セキュアドロップもその一つで、アメリカのワシントン・ポストや雑誌ニューヨーカー、調査報道NPOのプロパブリカ、イギリス高級紙ガーディアン、カナダ大手紙グローブ・アンド・メール、オーストラリアのシドニー・モーニング・ヘラルド紙などを発行するメディアグループのフェアーファックスなどが導入した。内部告発ウェブサイトのウィキリークスもこのシステムを使っている。

巨大データを扱う

既に述べたICIJのパナマ文書プロジェクトもまた、デジタル技術が鍵だった。二・六テラバイトにのぼるパナマ文書を紙にすれば、トラック数十台分の容積になる。これでは秘密裡に提供することも、受け取ったデータを管理することも不可能だ。デジタル記憶媒体でも、二〇〇〇年代初めまで使われていたフロッピーディスクなら一八〇万枚になってしまう。ＣＤ－ＲＯＭでも三七〇〇枚だ。パナマ文書プロジェクトは、数テラバイトのデジタルデータを管理できる記憶媒体が出現し、検索可能なデータ処理と、高速のインターネット通信を通じた文書へのアクセスができる時代になったからこそ可能だったのだ。

デジタル技術は、報道の表現手段も発展させた。ＩＣＩＪのウェブサイト上、パナマ文書特集のページに掲載された多数の記事の中で、最も人気を集めたのは実はゲームである。「タックスヘイブンへの階段」というゲーム名はどう見ても「天国《ヘブン》への階段」のパロディだが、インターネット上で遊べるこのゲームは人気サッカー選手、政治家、企業家の三人のキャラクターから一人を選び、資産隠しを企てるシミュレーションだ。法規制の抜け穴を探し出し、当局の目をかいくぐるための手段を探す。「どちらにしますか？〈タックスヘイブン法人を設立〉、〈スイスに銀行口座を開設〉」と選択肢が表示され、法の抜け穴を選び続ければ勝てるし、誤った方を選択すれば「ゲーム・オーバー」。二〇〇四年の法改正を受け、あなたのやり方は拒否されます」などの宣告を受ける。

ゲームとしては何とも他愛ないが、タックスヘイブンの匿名性がいかに富裕層にとり便利か、逆に法規制の強化がいかに大切かが伝わる。

ICIJ ウェブサイト上のゲーム「タックスヘイブンへの階段」

アニメもある。「オフショア（タックスヘイブン）の被害者」と名付けられ、タックスヘイブンの匿名法人がシリアの空爆による民間人の犠牲や、性産業の人身売買にも関係していることを説明する。クリックすれば詳しい説明が分かるインフォグラフィックスも掲載された。

パナマ文書報道でＩＣＩＪが活用したこれらの表現方法は、各地の調査報道で次々に導入されている。経済や法制度を扱う調査報道は複雑で難しい。デジタル技術は分かりやすい表現を創造し、多くの市民の興味を引いて情報を広く共有するジャーナリズムの機能を高めている。

第5章　そして日本は――

「報道されるのは嫌だと思う。でも、個人にとって嫌なことと、裁判を公開しないことによる社会や公共のマイナスと、その両方を考えなければならない」

ジャーナリスト、江川紹子

1　調査報道を阻む「日本の壁」

裁判は公開のもの

ウェブサイト「ＰＡＣＥＲ」はアメリカの連邦裁判所の公式データベースで、裁判所が保管している訴訟記録が検索できる。クレジットカードを登録すれば誰でも使え、例えば「当事者名」の欄にオサマ・ビンラディンの名前を入れると、一件がヒットした。

事件番号は「1998–Cr–539」。一九九八年に立件されたもので、Crとは刑事事件のことだ。ビンラディンは二〇〇一年の９・11同時テロより前、一九九八年にもアフリカのタンザニアやケニアのアメリカ大使館爆破事件を起こしたとされ、直後にアメリカ当局は身柄を拘束しないまま起訴していた。その記録である。

文書一覧を表示させると、▽一九九八年六月一〇日、ニューヨーク連邦地検が起訴、起訴内容非公開、▽同年一一月四日、非公開解除、▽二〇一一年六月一七日、起訴取り消し――などと表示される。

「記録文書を全てダウンロード」をクリックする。ネット公開されている二〇〇四年一一月以後の分、すなわち起訴取り消しの申し立て・決定書と、その審理のための担当裁判官任命書がPDFファイルでダウンロードできた。料金は一ページ一〇セント(一〇円)である。

ダウンロードした「起訴取り消し」の書類には、二〇〇件以上の「罪となるべき事実」が列挙され、ニューヨーク連邦地検のニコラス・ルーウィン検事補が「二〇一一年五月一日または同日ころ、本件が停止中、被告人オサマ・ビンラディンはアメリカ合衆国によって敢行された作戦によりパキスタンのアボタバッドにおいて殺害された。上記を踏まえ、私は被告人オサマ・ビンラディンについて提起された公訴の取り下げ命令がなされることを勧告する」と記している。続いて同連邦地検のプリート・バララ検事正が「上記の勧告に基づき、公訴の取り下げ命令を申し立てる」と記し、連邦地裁のルイス・カプラン裁判官が「その通り命令する」と記している。

これには取り下げ申し立ての理由を説明するジョージ・トスカス司法副次官補(国家安全保障担当)の陳述書も付いていて、パキスタンの作戦で死亡した人物がオサマ・ビンラディン本人に間違いないことについて、DNA鑑定、身体的特徴、ビンラディンの妻のうち一人の証言などから説明する内容を、原文のまま読むことができる。

ビンラディンはアメリカ軍に殺害されたために裁判は結局開かれずに終わり、この程度の書類しかない。通常の事件なら起訴状、陳述書、検察官が提出した証拠書類から証人の証言速記録、陪審員の評決書にいたるまで何百枚あろうが訴訟記録は全てダウンロードできる。

これがアメリカの裁判の公開だ。テレビで一部の法廷が中継されていることは知られているが、事件の詳しい検証、そして調査報道のためにはこうした文書による裁判記録の閲覧とコピーが欠かせない。

ビンラディンの起訴に関わったニューヨーク連邦地検の場合、私がニューヨーク支局に赴任して最初にした手続きの一つが地検広報メーリングリストへの加入だった。といっても、地検の報道担当官にメールを一本出し、私の立場や所属を説明すれば完了する。それからは連日、発表資料と起訴状、それらに付随する捜査報告書などがメールに添付されて送られてきた。無論、黒塗りなどの加工はない本物の書類である。記者に特別に見せているのではない。これらは「パブリック・ドキュメント」、つまり市民に公開、共有された公的書類というだけのことだ。

アメリカの司法制度は国全体をカバーする「連邦裁判所」と各州自治の「州裁判所」の二本立てだが、各州の裁判所も訴訟記録の閲覧もコピーも可能である。

私の友人で、フロリダ州在住ジャーナリストのエイプリル・マーティンに尋ねた。彼女は同州の新聞で裁判担当記者をしたこともある経験から「フロリダ州では裁判書類は全て公開だし、オンラインで読めるから、わざわざ裁判所に行かなくても、家からでもアクセス可能」と話す。

フロリダ州の情報公開は裁判所のみにとどまらず「サンシャイン（日光）法というのがあって、あらゆる役所の仕事は「日の当たるところで」行われなければならない。政治家は非公開の場所で公務について話し合うことを禁じられている」という。マーティンの住むゲインズビル郡では、議員など公選された公務員の公用メールはリアルタイムでネット公開され、全て閲覧可能な状態に置かれるというから徹底している。ここには、市民は賢明であり、より多くの情報を得ればより正しく議論するという発想を感じる。

裁判検証お断り

ところが、日本では同じように主権在民であり、裁判の公開が憲法で定められているにもかかわらず、民事裁判の場合、コピーは入手できず閲覧が許されるだけである。記録自体、裁判が終わって五年経てば判決文以外は廃棄され、この世から消える。刑事裁判はもっと深刻で、法律では誰でも請求すれば記録を「閲覧させなければならない」と明記されているのに、実際には関係者の名誉や平穏を理由にした例外規定を挙げて難色を示され、閲覧できても固有名詞の大半が黒塗りされるということが多々ある。記者ら市民が裁判や捜査を検証することを著しく妨げている。

ジャーナリストの江川紹子は、オウム真理教事件の取材で知られる前から、名張毒ぶどう酒事件など再審請求事件や、冤罪、違法捜査、警察権力濫用の取材を続けてきた。一九八八年五月、静岡県の三島警察署留置場で看守の警察官が女性容疑者二人の身体を触るなど性的な行為をする事件があり、警察官は特別公務員暴行陵虐罪に問われた。警察官の有罪が確定した後、この事件を調べようとした江川は思わぬ壁にぶつかる。警察官が受けた裁判の記録の閲覧を静岡地検沼津支部に申し立てたところ、拒まれたのである。閲覧許可を求めて裁判手続きに持ち込むと検察が少し態度を変え、自ら一部を開示してきたが、その中で役に立ったといえるのは判決文ぐらいで、あとは「私が知りたいこととは全く関係のない書面ばかり」。江川が検証しようとしたのは留置場管理の在り方や事件までの経緯だが、それに関係しそうな供述調書や実況見分調書は閲覧を認められず、裁判は最高裁まで争ったが一九九〇年二月、負けた。以来、訴訟記録の開示や裁判の公開の徹底を訴えている。

四半世紀を経て、状況にあまり大きな改善はみられない。二〇一六年、江川は横浜地裁であった殺人事件裁判の記録の閲覧を横浜地検に申請した。神奈川県川崎市のアパートで〇九年、このアパートの大家ら三人を包丁で刺殺し、死刑判決が確定した津田寿美年の裁判である。津田の死刑は一五年に執行された。裁判員裁判を経て初めて死刑が執行された歴史的事件だ。この件でも、閲覧できたのは記録のごく一部、公判速記録と判決文だけだったと江川は話す。「黒塗りが多数施され、多くの固有名詞が読めなくなっていた。被告人以外の関係者の人名は、亡くなった被害者も含めてほぼ黒塗りだった」と江川は説明する。日本司法の歴史に残る出来事に誰が関わったか、つまり誰の出来事だったのか、その情報が抹消されている。

これでは記録としての意味がほとんど失われている。例えば、一九六三年に発生し、部落差別と捜査、裁判の在り方が戦後史に残る議論となった狭山事件の被害者が中田善枝であることを市民が知らずして、当時も今も検証や調査は不可能だろう。

黒塗り措置は関係者の「迷惑防止」という面を慮ってのことではあろう。だが刑事裁判は権力行使に関わる重大な公共事項でもある。裁判の公開やその記録の公開は当事者にメリットがあるから定めているのではない。手続きを大衆的な関心と検証のもとに置いてこそ権力の間違いが発見されるからだ。凝視されてしまう当事者、被害者や関係者の心痛も苦しみも深刻で、そのことは本当に重く、真剣に考えるべき問題だ。それでも、事実関係の公開による権力の監視と抑制の仕組みを弱めることは、大衆から、当局者と選ばれた少数の専門家（刑事裁判でいえば弁護人ら）とに白紙委任状を渡すに等しく、極めて危険だ。

裁判記録を閲覧し、その情報を悪用したり興味本位で使ったりする人が出ないかという心配はどうなのか。これについて江川は明確に言う。「プライバシーを侵害するような問題が何か起きるなら、それは閲覧した側の責任であって、閲覧させた検察庁の問題ではない。そうやって「元栓を閉める」のはおかしい」。悪用そのものを問題にし、悪用者の責任をこそ論じるべきであって、情報自体を閉ざすのは安直にすぎると言うのである。

冤罪を訴える活動は処罰

もう一人、ジャーナリストの臺《だい》宏士は二〇一四年に、林道事業を手がける独立行政法人「緑資源機構」の幹部らによる官製談合事件の裁判記録を閲覧しようと検察庁を訪れたところ、担当者から「刑事裁判の記録は保険などの関係者になら見せるが、そうでないと難しい」と言われ、耳を疑った。生命保険や損害保険の支払いのため、犯罪被害にあった証明を得るような目的なら裁判記録を閲覧させるが「報道目的では基本的に許可は出せない」とまで言われたという。経済的利益が目的の場合は開示する。だが曲がりなりにも民主主義の理念に沿い、権力行使の検証と監視を建前とする報道が目的の場合は裁判記録を閲覧させないというのである。臺は「これは公職者による官製談合事件だ。被告人は公人であって一般私人ではない」と食い下がったが、担当者からは「マスコミからの申請は断っている」「もし見せるとしても判決文だけで、証拠や証言はまず無理」などと言われ、臺は「これは完全に断る気だと、嫌になった」ために断念したという。

こうした姿勢を取ってきた法務・検察の側はどう説明しているか。一九九九年四月に法務省大臣官房参事官の勝丸充啓（その後広島高検検事長などを歴任）が学術誌『刑法雑誌』に刑事裁判記録の開示について私見とした上で論文を寄せている。雑誌などの取材を例に挙げながら「行き過ぎともいうべき情報の氾濫あるいはいわゆる知る権利や取材の自由という言葉に名を借りた人権侵犯が頻発している」「毎日多くの人が直接の迷惑を被っている」と述べて「マスコミ関係者、文筆家からの閲覧請求は一般に悩ましい。その閲覧の目的が一般に公表することにあるならば、それは関係者のプライバシーを侵害するおそれが大であり極めて慎重に判断せざるをえない」という。「極めて慎重に判断」とは、お役所の言葉で「原則として断る」という意味ではないかと思われる。

ひどい取材の仕方をする記者がいる、全く賛成できない記事の書き方がある、との指摘はすなおに受け入れたいと思う。批判を重く受け止め、我が身を省みながら考え、悩まねばならないことだ。とはいえ、世の中にはひどい記者や記事が存在すると強調することと、どんな記者に対しても訴訟記録の閲覧を拒むこととの間には相当な飛躍がある。この論文は記者に訴訟記録を開示することで問題が起きた具体的なケースを指摘しているわけでもない。議論としてはいささか消化不良の印象もある。

勝丸は「(刑事訴訟記録を管理する)保管検察官は、いわば他人の日記を預かっているようなところがある」とも述べている。善意からの表現であることは文脈上明らかだし、当事者の気持ちを考えたならその通りなのだろうと思う。それでも、こうした資料は本来「パブリック」、つまり市民共有の公開情報であり、そうであるからこそ権力の暴走を防ぎ、制度への信頼も得られると考える英米の司法関係者とは、感覚の差が著しい。「パブリック」は「プライベート」の正反対の語なのである。調査報道に立ちはだかる日本の厚い壁を見る思いがする。

この壁は二〇〇四年、さらに厳しいものになった。刑事訴訟法に新たな条文が付け加えられ、検察が弁護人に開示した検察側証拠を裁判以外の目的に使うことが禁じられた。だから記者に提供することも禁止である。冤罪の訴えを調べたり、裁判を詳しく取材したりする記者は、弁護人と協力関係を築き、裁判資料のコピーをもらって読み込むことがよくある。それが犯罪になってしまうのだ。

先の江川紹子は言う。

「これは本当に問題。私は（死刑囚が無実を訴えてきた）名張毒ぶどう酒事件のような事件は、裁判記録を全部読んだ上で関係者に取材する。それは過去の事件を検証する記者の基本だと思う。それができなくなった。今は弁護士さんに記録を見せてほしいと頼んでも、目的外使用は禁止になってしまったので『駄目です』と言われる」

記者どころか、被告人本人が裁判所の外で冤罪を訴えるため、こうした資料をビラやパンフレット、ウェブサイトに掲載するのも「目的外使用」に当たるため禁止された。どこの国でも冤罪の訴えは、検察が出す証拠を多くの市民に見せ、これらはおかしいと知らせるところから始まる。そうした活動を犯罪として取り締まる法律ができたのが二一世紀の日本という国である。

既に二〇一三年、NHKの記者が捜査機関による取り調べの問題点を検証する報道に取り組む際、記者の取材に応じて取り調べDVDを提供した大阪の佐田元眞己弁護士が検察から懲戒請求を受けるという事態が発生している。結果的には、目的外使用に該当はするが懲戒すべき事案ではないとして請求は退けられ、弁護士が懲戒を受けることはなかった。だが、萎縮効果は絶大だった。各地で記者がこうした取材と資料提供を断られる事例が続出している。さらには、被告人自身が自分の考えを訴えようとして自分の裁判資料を公開したところ、元の事件とは別に、目的外使用の容疑で逮捕されるというケースも複数出ている。

イギリスやアメリカで、裁判に関する資料は「パブリック・ドキュメント」の典型という。パブリックとは「お上」ではなく、社会に住む「市民みんな」のことだ。だから原則として誰でも閲覧しコピーを入手できる。だから調査報道の取材のイロハのイなのだと。日本では、これら公共機関が持つ情報の最終的な所有者はいったい誰なのだろうか。

「個人情報マインド」と「匿名社会」

「個人情報なのでちょっと……」

取材に対して、こう答えられる。困ったような表情を見せられるときも、木で鼻をくくったようなあしらいの場合もある。二〇〇五年に全面施行された個人情報保護法は、企業や団体が持つ個人情報を他人に提供することを制限した。実際にはケース・バイ・ケースなのだが、普通の社会人が法の細かい規定を熟知することは困難で、単にトラブルが面倒な場合も含め「個人情報なので教えられません」という言葉が繰り返される。

日本では情報公開法にも「特定の個人を識別できる情報」を非公開にできる条項がある点で

アメリカの情報自由法と全く異なる。このため日本では官庁が持つ公共情報といえども個人名である限りその部分を黒塗りにできる（ただし開示文書の内容である公務に携わった公務員は、消されないことが多い）。個人情報は「触れてはならない情報」になりつつあるように感じられる。

個人情報はプライバシーとは本来全く異なる概念で、名前をはじめ「個人を識別できる情報」なのに対し、プライバシーはおおざっぱに言えば、私的な秘密のことだ。氏名は個人情報の典型だが、社会全体の事務処理などを考えると自分より他人が使うことの方が多い。一方、例えば自宅の寝室の中を知っているのは自分と、せいぜい家族までだ。加えて「知られたくないこと」という範疇もプライバシーとはまた別に存在する。先述した、公開の裁判で審理されている犯罪関連の情報は、傍聴人はじめ社会に公開された情報であり、かつ「当事者としては知られたくない」ものだろう。これらが混乱したまま、しかし個人情報は「安易に話してはならない」という社会的な共通理解が日本では強まっている。いわば「個人情報マインド」である。公共的利益とは関係なく、名前や住所のような要素が含まれる情報を他人に提供することは問題行動であるように感じるわけだ。

南ドイツ新聞のパナマ文書担当記者、フレデリク・オーバーマイヤーとバスチャン・オーバーマイヤーが取材を振り返った著書『パナマ文書』（KADOKAWA）には、二人が取材の第一歩として、文書の流出元事務所「モサック・フォンセカ」設立者の一人でドイツ人のユルゲン・モサックについて調べるため、彼の出生証明書を入手したことが記されている。出生地、父母の姓名と職業などが記されているというから、いわば日本の戸籍謄本のようなものだ。

パナマ文書にせよ、アゼルバイジャンの携帯電話会社にせよ、アフリカのイタリアマフィアにせよ、社会問題が具体的に現れるのは実行者や被害者という個人であり、そこを調べてこそ裏付けが可能になる場合が多い。取材に協力してくれる人たちもまた、結局は個人である。個人に行き当たって話を聞いて初めて、貴重な情報を得られる。日本ではそのことへの後ろめたさがじわじわと広がる。

日本の個人情報保護法は二〇一六年に改正され、不正な個人情報適用に罰則が設けられた。さらに「特に配慮を要する個人情報」という概念が新設され「人種、信条、社会的身分、病歴、犯罪の経歴、犯罪により害を被った事実」などが含まれる。これらには「あらかじめ本人の同意を得ないで取得してはならない」という特に強い規制がかかる。この規制は報道機関による取材報道の活動には適用されないが、日本型の「個人情報マインド」はもはや個々の法や制度を超え、あらゆる場面に影響している。これもまた、調査報道を阻む「日本の壁」といえる。

国立情報学研究所客員教授で弁護士の岡村久道によれば、欧米で個人データの保護の議論が発展した際には、政府による情報管理社会の到来を心配する考えがあったという（『個人情報保護法の知識〈第３版〉』日本経済新聞出版社）。ジョージ・オーウェルの暗黒小説『１９８４』で、全能の独裁者「ビッグ・ブラザー」が全市民をくまなく監視するように、政府が市民の厖大な情報を入手し、コンピューターで統括する管理社会への懸念だ。その防止策はつまり「政府からの個人情報保護」である。日本での個人情報保護論議は市民同士の情報共有に水を差す一方、本来の理念であるはずの「政府の個人情報収集や管理をどう規制するか」は視野から外れているようにも思える。

２　匿名社会が記者を阻む

日本独自の「匿名志向」

二〇一二年一二月一六日の朝のことだ。私は特派員として赴任していたニューヨークの自宅でニューヨーク・タイムズを手にとり、うなった。一面の上部中央、ページ全体の約四分の一ほどを埋めるスペースに、黒地に白抜きで二七人の名前が並んでいる。

「シャーロット・ベーコン（６歳）　ジェームズ・マティオリ（６歳）　ダニエル・バーデン（７

歳）グレース・マクドネル（7歳）……」
前々日、コネティカット州サンディフック小学校に一人の男が侵入し、教室で銃を乱射して六歳と七歳の子どもたち二〇人と、教師や職員六人を殺すという事件が起きていた。犯人のアダム・ランザは学校での二六人のほか、犯行直前に自分の母親も殺している。

アメリカの報道では事件や事故であれ、その他のニュースであれ、関係者はほぼ必ず実名で記される。例外は、生きている性犯罪被害者や未成年の加害者、ほかに秘密情報を提供するなど「匿名を条件に取材に応じた」人たちに限定され、こうした匿名は特例であることを示すため記事中に「名前は書けない」とわざわざ断り書きを入れることも多い。つまりアメリカの報道は大原則として、顔や名前のある市民一人一人の動向と発言を伝え、記録している。そこに「偉い人」か、そうでもない人かの違いはない。この日のニューヨーク・タイムズが犠牲者全員の氏名を一面に大きく目立つ黒地に白抜きで配したレイアウトは異例ではある。だがそうした「人を伝える」報道の精神を強く体現していると思われた。

私が二〇〇六年に留学したイギリスでもそうだった。連続殺害された五人の売春婦たち、記者が身分を隠して潜入した極右政党の党員や党幹部、親の留守中にパーティをインターネットで呼びかけたら予想を超える数の若者が来て、家をメチャメチャにしてしまった少女……すべてイギリスでは実名だった。そのことと記者たちの思いは拙著『英国式事件報道　なぜ実名にこだわるのか』（文藝春秋）に詳述した。

アメリカやイギリスだけのことではない。ヨーロッパ有力紙の南ドイツ新聞やスウェーデンの公共放送ＳＶＴはパナマ文書の報道のなかで、ロシアのプーチン大統領やアイスランドのグンロイグソン首相と並び、パナマの女性レティシア・モントヤを取り上げた。彼女はタックス

The New York Times

Late Edition

NEW YORK, SUNDAY, DECEMBER 16, 2012

Quiet Doctor, Lavish Insider: A Parallel Life

A Trading Case Figure's Late-Career Shift

PUPILS WERE ALL SHOT MULTIPLE TIMES WITH A SEMIAUTOMATIC, OFFICIALS SAY

VICTIMS OF THE NEWTOWN SHOOTINGS

Charlotte Bacon, 6
Daniel Barden, 7
Olivia Engel, 6
Josephine Gay, 7
Ana Marquez-Greene, 6
Dylan Hockley, 6
Madeleine Hsu, 6
Catherine Hubbard, 6
Chase Kowalski, 7
Jesse Lewis, 6
James Mattioli, 6
Grace McDonnell, 7
Emilie Parker, 6
Jack Pinto, 6
Noah Pozner, 6
Caroline Previdi, 6
Jessica Rekos, 6
Avielle Richman, 6
Benjamin Wheeler, 6
Allison Wyatt, 6

Rachel Davino, 29
TEACHER
Dawn Hochsprung, 47
SCHOOL PRINCIPAL
Nancy Lanza, 52
MOTHER OF GUNMAN
Anne Marie Murphy, 52
TEACHER
Lauren Rousseau, 30
TEACHER
Mary Sherlach, 56
SCHOOL PSYCHOLOGIST
Victoria Soto, 27
TEACHER

'ACTS OF HEROISM'

The Gunman Shot His Way Into a School In Connecticut

A Mother, a Gun Enthusiast and the First Victim

Justice Dept. Shelved Ideas to Improve Gun Background Checks

サンディフック小学校銃撃事件で犠牲となった被害者の実名が１面に掲載されたニューヨーク・タイムズ（2012年12月16日付）

ヘイブン法人数千社の役員を兼ねている。だが富裕層でも政治家でもない。役員とは名ばかりで、法人設立者の名前が表に出ないよう、身代わりとなって名義を貸しているだけだ。タックスヘイブンには、こうした名義貸しサービス(ノミニー)を提供する会社がある。モントヤはそうした会社に月五〇〇ドル(五万円)で雇われている。彼女の仕事は求められるまま、せっせと「役員」としてサインをすることだ。タックスヘイブン産業と、匿名法人の真の所有者たちに使われている〝パナマのおばさん〟なのである。南ドイツ新聞やSVTの報道はそのモントヤの実名、パスポートのコピーの写真、彼女の姿と自宅周辺とみられる地区の映像を淡々と報じた。それによってタックスヘイブン産業がどうやって金を儲けているか、具体的に示している。

日本では「報道に実名は要らない」という主張も根強い。例えば日本弁護士連合会(日弁連)による「人権のための行動宣言2014」では「報道機関に対し、事件報道について被疑者・被告人や被害者の原則匿名報道を実現するよう求めます」と記している。「報道される人の名誉・プライバシーを守る」のがその目的だという。実際、報道されることに伴う苦痛は多大なものがあることはその通りで、申し開きはできない。事件や事故に関わった当事者の人たちの利益を代弁する弁護士の立場から、その深刻さを訴えるのは当然だろう。

知られざる死刑囚

だが、社会と市民による情報の共有、議論や歴史的検証という面では、当事者の利益だけでは語れない問題がどうしてもある。例えば未成年時に重大事件を起こして死刑判決が確定した死刑囚の名前も報じてはならないというのが、日弁連の会長声明で表明されてきた立場である。少年法は、未成年時に事件を起こした人の実名や写真を報道することを禁じている。未熟な少年少女が過ちを犯した場合、懲罰よりも保護と立ち直りに重点を置き、社会復帰の妨げにならないよう実名報道を禁じるという考えである。この理念には高い価値があるとはいえ、社会復帰の可能性を国家により奪われた死刑囚でも例外としない。つまり国家が誰を処刑しようとしているかを国民に報道で知らせることを一部にせよ禁じる規定でもある。死刑制度自体、世界的には廃止の流れが定着し、日本以外の先進国で唯一死刑制度を残しているアメリカでも少年時の罪に死刑は適用しないため、先進国で「少年事件の死刑囚」がいるのは日本だけである。そんな事件には徹底した社会的議論と検証が求められるはずだが、むしろ市民の目から隠すことを義務づけるという倒立した規定になっている。

そもそも少年事件に限らず、国家が人の命を奪う死刑の過程は、情報を開示する必要性が高いはずだ。アメリカでは死刑制度を残している州でも現実に死刑執行する州は少なく、二〇一二年以降の各年、執行があった州の数はひと桁にとどまるが、それらの州では刑の執行の一部始終を報道関係者や地元住民代表、被害者に公開し、権力行使の監視と検証を可能にしている。一方、日本では死刑関係の情報について法務・検察当局は「死刑囚の心情の安定」などを理由に具体的な情報開示を拒み、情報公開請求に対してはページ全体が黒塗りされた文書が出てくることもある。そんな中で、少年事件の死刑囚の名前を知らせることを弁護士会の側からさえも否定することは、二重三重の情報の壁を築くことになる。

情報の開示が事件の当事者や関係者の直接の利益になるということはできないし、いうべきではない。ニュースには「取材報道された人が幸せになるのが良いニュース」とは必ずしもいえない困難がある。記者はその限界を思い知らなければならないし、そのことでおのれが犯す罪を嚙みしめねばならない。その上でなお、社会の多くの市民に具体的な情報を提供し、議論と検証に奉仕する意義を自覚していく必要がある。

人権の担い手でもある司法界の専門家たちが、日本ではここまで「匿名化」にこだわる背景には、日本特有の「匿名判例」があるように思われる。日本の判例雑誌や法律書に書かれている判例は個人名が「X」「Y」などと匿名化されており、法律家はこんな人名のない判例で法律を学ぶ。事件やその背景ではなく「類型」を覚えるだけならこれでも用は足りるかも知れない。そこから「名前がなくても報道はできる」との主張が生まれる。だが、固有名詞がなければ新たな検証の足がかりを失う。人間の姿を感じ、市民の存在を意識することも妨げられる。何より「自分が何を知らないのか」を知ることは誰もできない。本当は「名前がなくても報道できる部分もある」としか言いようがないはずである。

市民が主人公になるニュース

アメリカやイギリスの判例は「ミランダ対アリゾナ州事件」「ブラウン対トピカ教育委員会事件」のように通常は原告と被告の名前で呼ばれる。アメリカ法の専門家である東京大学教授の樋口範雄は『はじめてのアメリカ法　補訂版』(有斐閣)で井戸水をめぐる近隣住民同士の訴訟「ホワイト対ベンコウスキー訴訟」を挙げ、ホワイトとベンコウスキーの二人の名前は同判決が決めた「ルールが続く限り永久に残るでしょう」と述べる。やはり重要判例である、一八五四年イギリスの「ハドレイ対バクセンデール判決」に基づく判例も「ハドレイ・ルール」の名が付き、イギリスでもアメリカでもオーストラリアでもシンガポールでも教えられていると樋口は説明する。

裁判で堂々と自分の主張を貫き、それが先例となり、法を作る原動力になることは素晴らしいことだ——という考え方を樋口は紹介して言う。「翻ってわが国の状況を考えます。そこでの〝匿名性〟や〝プライバシー〟という言葉の（あえていいますが）誤った使い方を見ると、裁判とは恥ずかしいもので公に出来ないこと、とても考えているかのようです。日本の隣人訴訟では、訴訟になったこと自体で当事者が中傷されました。だから匿名にしようというのは、対処法として間違っていると思います」

報道界でも、たとえば英語圏でよく言われる「ニュースは歴史の第一稿」（ワシントン・ポスト元社主フィリップ・グレアムの言葉）という格言は日本では知られず、ジャーナリズムはジャーナル、つまり記録であり歴史であるということはさほど意識されない。固有名詞を欠いた記録は検証や調査のための用をなさず価値の大半を失う。実際、匿名記事の増加により日本の報道アーカイブは無意味化が進行し、調査報道の参考資料として使うことが困難になっている。これからもしも「忘れられる権利」が広く受け入れられれば、例えば選挙に立候補しようと心に決めた人が最初にすることは、公人と認識される前に先手を打ち、記事データベースやインターネットから、自分の望ましくない過去を消させることになっていくだろう。

報道により名前や顔を知られることで差別や偏見、ハラスメントを受ける可能性を軽視することはできない。逮捕されただけですぐ「犯人に違いない」と決めつけられる「犯人視」もその一種だし、有罪確定後の社会復帰時に不当な差別を受けることもありうる。「だから知らせない」ことで対処するというのが匿名報道の発想である。確かに、知らなければ差別されたり偏見を持たれたりすることはない。それが必要な場合もあることは否定できない。長年、日本での報道をめぐる議論では「よりよく、公正かつ多様に報道する」ことよりも「「報道被害」を防ぐため、報道を適切に抑制し、知らなくてよい情報を流通させない」という非常に保守的な手法が中心になってきた。「モア・スピーチ」より「情報の抑制」というわけである。

一方、二〇一四年、アメリカでエボラ出血熱に感染した看護師ニーナ・ファムに対し、アメリカのジャーナリズムが示したのは別のアプローチだった。エボラ出血熱は致死率が高く、汗など体液との接触でヒトからヒトに伝染する病気で、全身からの出血を伴う場合もある。それがこの年、西アフリカで流行し、渡航者を通じて世界に広がる深刻な懸念が巻き起こった。実際、アメリカでリベリア人の男性が発症し、その治療に当たって感染したのがファムだった。ファムの感染は実名とともに大きく報道された。医療関係者のファムに接触した人は多数いる。その人たちは情報を知って早急に検査や治療を受ける必要がある。だが恐怖感を持たれやすいエボラ出血熱である。勤務先病院名だけでなく実名をも報道すれば後々まで差し障りかねない。日本なら市民の目から隠すことで彼女を守ろうと「女性看護師(26)」とすることもあり得そうだ。だが、アメリカの報道はあくまで「看護師ニーナ・ファム、二六歳」である。

ファムは治療の結果、無事回復した。退院の日、ファムはたくさんの報道陣の前に登場した。最初は少しだけ声を震わせ、しかしやがて前を見据えてゆっくりとスピーチした。「医師、看護師だけでなく支えてくれたチーム全員に感謝します。そして祈りの力を信じます。なぜなら世界中でとても多くの方々が祈ってくださったから。心配、希望、そして愛の気持ちを表してくださった方々にどう感謝していいか分かりません」。二六歳のファムは胸を張って「世界中の人が私を応援してくれた」と感謝を述べたのだ。

ファムはホワイトハウスにも招かれ、オバマ大統領と抱き合って喜んだ。わざとらしいほど繰り返し報道された抱擁の場面は「何の危険もない。差別するなんてくだらないことだ」というメッセージを送り続けていた。そしてそれは力強かった。よりよく伝え、よりよく知ることでこそ差別をなくし、乗り越えていく――市民の良心と理性に賭ける報道の在り方ともいえた。

明るいニュースにせよ暗いニュースにせよ、匿名での登場は「出る杭は打たれる」ことを確実に意識させる。顔と名前を持って登場するのは有名な人、権威や権力を持つ人ばかりとなれば、社会の主人公は結局ビッグネームの人たちであり、そういう人たちが社会のステージにいて、一般市民は注目されることのない観客ないし消費者なのだという「常識」を少しずつ浸透させることになる。これが読者、視聴者という市民にとって、そして参加と自治の民主主義にとって「日本の壁」になることが懸念される。

3　ニュースと市民と社会参加

参加しない読者

市民が「観客」にとどまり、参加をためらうという日本社会の姿は、イギリスのオックスフォード大学ロイタージャーナリズム研究所が毎年出す『デジタルニュース報告書』にも示されている。この報告書は世界二六か国で実施したインターネット調査に基づき、ニュースがネット、紙、放送など、どのメディアからもっとも伝わっているかをまとめている。それによると、日本で主要ニュース源として使われているのは、新聞、放送の従来型メディアではＮＨＫニュースがトップで、回答した約二〇〇〇人のうち二五％が「主要ニュース源」と答えた。その後民放テレビや新聞が続く。インターネットでは「ヤフーニュース」を「主要ニュース源」に選んだ人が四九％と、圧倒的な一人勝ちとなっている。

他国と比べ日本に顕著な特徴は「ニュースへの参加」が少ないことだ。例えばフェイスブックやツイッターなどソーシャルメディアで報道ニュース記事を拡散したり、「いいね！」をつけたりすること、記事にコメントしたり、友人とニュース記事についてネット上で語り合ったりすることだ。これら「ニュースへの参加」を、平均的な一週間の間にすることがあるかどうかを各国別に見ると、トルコとブラジルでは九〇％が「する」と答えた。ギリシャとスペインは八割台。七割台はポーランド、イタリア、スウェーデン、アメリカなどで、六割台はフランスやフィンランド、カナダ、イギリスだった。韓国は五八％。そして日本は四〇％で二六か国中最下位だった。下から二位のオランダは五二％だから、かなり差が開いた最下位である。

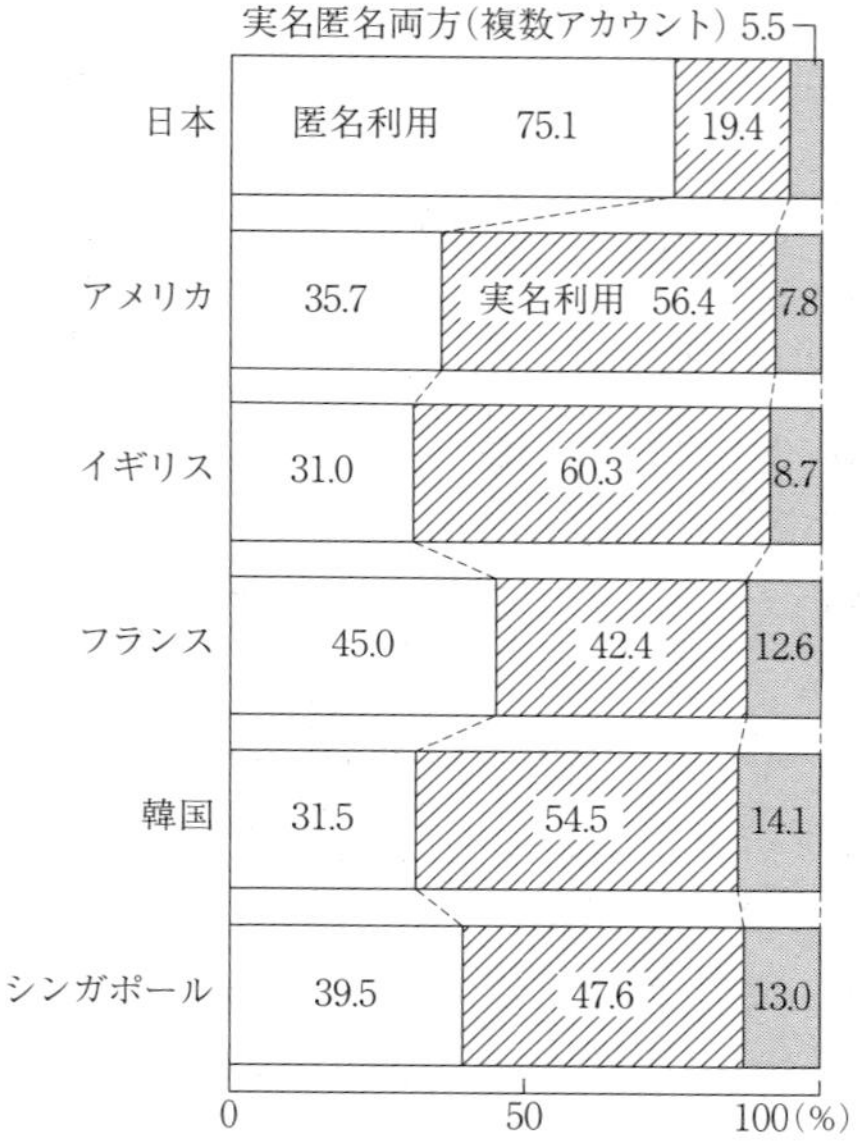

（出典：総務省）
ツイッターの実名・匿名利用の割合

この調査で各国の人たちが挙げる「参加する理由」は「(ニュースに対する)気持ちや意見を表したい」「情報を付け加えたい」「議論に参加したい」などが多い。

一方、総務省が二〇一四年、日本を含む六か国でそれぞれ一〇〇〇人ずつを対象にした調査で、ツイッターを匿名(ハンドルネームのみ)で利用しているか、実名のアカウントを使っているかを尋ねたところ、日本以外の五か国(アメリカ、イギリス、フランス、韓国、シンガポール)は匿名の比率が三一・〇〜四五・〇%にとどまったが、日本だけは七五・一%にのぼった。

娯楽としての偽ニュース

「ニュース」の概念そのものの変化も起きているようにみえる。

博報堂DYメディアパートナーズメディア環境研究所と、情報サイト「しらべぇ」が二〇一四年、日本の若者に「選挙で投票する際、参考にしたメディアは何か」を複数回答で尋ねたところ、NHKが四五・五%、民放テレビが四四・〇%と非常に高く、新聞も二八・五%を得ているのだが、「ネット掲示板(2ちゃんねるなど)」も八・〇%、「まとめサイト」は七・五%ある。

掲示板やまとめサイトの情報は玉石混淆で、書きさえすれば編集過程を経ないまま掲載されることも多いため、偽の情報の混在が深刻に懸念されるメディアである。凶悪犯罪があれば、容疑者を根拠もなく在日韓国・朝鮮人であるなどと書いて差別を煽る記述も見ることがある。一方では事実に基づく情報も多々ある。問題はどこに重大な虚偽が仕込まれているか分からないところにある。こうしたメディアが、選挙の投票の参考にされている。「情報メディア」という概念、さらには「報道メディア」の概念さえ激変している可能性をうかがわせる。

この調査で、投票の参考にしたメディア情報として新聞に次ぐ四位になったのが「インターネットポータルサイト・ニュースサイト」だった。ニュースを投票の参考にすることは普通のことと思える。問題はその「ニュース」というものだ。

二〇一六年八月、出版社「サイゾー」が運営するニュースサイト「ビジネスジャーナル」はNHKの報道を批判する記事を掲載した。問題にしたのは、NHKが貧困問題を取り上げたある番組だ。番組は、女子高校生が冷房なしのアパートで母と二人で暮らし、経済的理由から専門学校進学をあきらめたことを紹介していた。

放送直後からネット上では「エアコンが映っている」などと述べてNHKが「貧困を捏造した」と非難する書き込みが多数現れた。ビジネスジャーナルの記事はそのネット上の「声」を紹介し、記事本文でも「女子高生の部屋にはエアコンらしきものがしっかりと映っている」と明記した。NHKに取材した回答として「厳正な取材をして、家計が苦しく生活が厳しいという現状であることは間違いないと、担当者から報告を受けています。ですので、ネット等に関しましては、取材の範囲ではありません。但しご意見は担当者に伝えます」とのコメントを得たと記した。ビジネスジャーナルの記事は「貧困は社会が抱える大きな問題だが、だからといって報道でそれを捏造してしまえばたちまちに矮小化されてしまう」と指摘している。

ところが捏造していたのはこのビジネスジャーナルだった。ＮＨＫのコメントなるものは、記者による完全な空想の産物だったのである。ビジネスジャーナルは記事掲載から六日後、お詫びと訂正を掲載して「ＮＨＫに取材しておらず、回答は架空のものでした」と明らかにした。問題のエアコンも「実際には、女子高生の部屋にはエアコンはなく、取材の映像にエアコンらしきものがしっかり写っているという事実も確認できませんでした」と認めた。「ニュース」とは名ばかりで、誰かに事情を聞く実質取材は一切していない。ネット上の書き込みに乗っただけの文章だった。

偽のＮＨＫコメントという小道具を用意したためにＮＨＫからの指摘を受け、捏造が露見した。偽のコメントを書かず、ネット上の声を引用するだけの「無難」な内容にとどめていれば、この件は発覚しなかった可能性がある。エアコンのくだりも訂正されず、何らの取材も経ていないこの文章を多くの人が「事実のニュース」と受け止めた恐れもある。

ネットメディアが暴いたネットデマ

同じ年の一一月から一二月には、大手ネット企業DeNA《ディーエヌエー》が、運営する一〇の情報サイト全てを休止するという事件も起きた。医療健康、ファッション、旅行、インテリア、食べ物など多数の無料記事を掲載して人気を集めていたが、多くの記事の内容に重大な疑義が生じた。例えばその一つ、医療健康情報サイト「WELQ《ウェルク》」では事実に反する疑いがある内容がいくつも見つかった。それも、たまたま変な記事が紛れ込んだのではなく、組織的にそうした記事を量産していた疑いが強まったのである。記事を提供するライターに対し、既に存在しているネット上の別の記事を下敷きにして記事を焼き直し、しかも剽窃を疑われないよううまく書き換えることを推奨するような手引きがされていたことが明らかになった。

WELQのインチキ記事を調べ、初めて詳報したのはネットメディアの「バズフィード・ジャパン」だったことは特筆する必要がある。WELQの記事を読み込んで検証し、公開情報を収集したり識者の話を聞いたりという「基本に忠実」(古田大輔・バズフィード・ジャパン編集長)な取材をした。インチキ記事を実際に書いたライターにつてをたどって正面から取材し、そのマニュアルまで入手し記事にした。調査報道そのものだ。古田は「ネット情報だから危ない」

という見方に警鐘を鳴らす。「もちろん、金のためにデマを流す確信犯は丸っきり駄目、検証していかねばならない。だが正しいと信じて発信したが取材不足、経験不足で間違っているサイトもある。こちらについては、では新聞やテレビはそういうことは百パーセントないのかという問いも発せられるだろう」

問題は、確信犯のデマ情報サイトを検証し、デマだと裏付けるには大変な手間と時間がかかることだ。それに対しインチキ情報を出すのは労力も掛からず、それでも検索エンジンでは上位に表示されうる。フェイスブックやツイッターを通じて拡散し、さらに読者を集める。読者は「ニュースの一種」と思って読み、信じてしまう可能性がある。読者の側にも「ニュース」を選別する力と、真っ当なニュースサイトを支える意思が求められる。

これは日本に限った話ではない。

二〇一六年のアメリカ大統領選挙では大方の予想に反して共和党候補ドナルド・トランプが当選した。多数の大手メディアがトランプの移民差別、女性蔑視の発言を繰り返し伝え、対立候補で民主党のヒラリー・クリントンの当選を予期していたのだが、この逆転劇に一役買ったのがフェイスブックやツイッターを通じて拡散した「偽《フェイク》ニュース」だと指摘された。「ローマ法王フランシスコがトランプ支持を表明」「トランプ反対集会の参加者が「三五〇〇ドル（三五万円）の参加手当金をもらった」と説明」といったたぐいだ。アメリカでの調査によると、「法王がトランプ支持」は六四％、「反トランプ集会参加者に三五〇〇ドル手当」は七九％が「とても正確」または「やや正確」なニュースだと考えている。

4　日本から未来へ、ジャーナリストの課題

ネタの取り方教えます

東京・新宿区の早稲田大学キャンパスで、教室をいっぱいにしているのは現役の記者や編集者、メディア志望の学生、ジャーナリズム研究者たち。演壇に立つ記者が、特ダネをどうやって取ったか、どんな難所をどう乗り越えたかを話している。この催しは「報道実務家フォーラム」。数か月に一度開かれ、優れた報道実績を上げたジャーナリストから話を聞き、ナマの体験から取材技法や知識を学ぶ。講演会形式だが、質疑応答の時間をたっぷり取るのが特徴で「途中で諦めることはなかったか」「他社の影は気にならなかったか」といった、いかにも現場記者らしい質問が続く。

報道実務家フォーラムは二つの共催者が合同で運営していて、一つは、新聞、通信、放送の

現場記者が定期的に集まり「どうすれば面白く、良い仕事ができるか」を軸に議論する「取材報道ディスカッション・グループ」。もう一つは、ジャーナリスト養成を主眼とする早稲田大学大学院政治学研究科ジャーナリズムコースだ。どちらも報道の現場と実務に密着した視点を重視している。第一回は二〇一〇年三月で、共同通信の太田昌克編集委員が「『核密約』スクープはこうして生まれた」というテーマで話した。日本の非核三原則、つまり「核兵器を持たず、作らず、持ち込ませず」に反し、実は日米両政府の間では「核兵器を搭載した艦船や航空機の日本立ち寄りを黙認する」という密約があり、日本ではそれを歴代の外務次官が引き継いでいたという二〇〇九年五月のスクープを、太田がどうやって取材したかという内幕話である。

この講演依頼を私が太田に伝えたとき、太田は「つまりこのネタをどうやって取ったか、「秘中の秘」を話せということですか」と言って笑った。そして「面白い。是非やらせていただきます」と快諾し、報道実務家フォーラムが始まった。

太田が話してくれた「秘中の秘」は、驚くほど基本に忠実な内容だった。すなわち、既に公開されている文書や書物を丹念に調べ、そこにある内容をもとに関係者を取材する。その際には取材相手が既に記した本や文書はもちろん、関連の書物をしっかりと読み込み、整理して頭に入れておく。そうして相手は記者を信頼し……。この核密約スクープは、「平和・協同ジャーナリスト基金賞・大賞」を受賞し、その後の民主党政権による「密約調査」につながった。そんな大きな特ダネでも、こうして具体的なプロセスを聞くと何も宙返りのような曲芸ではない。取材の基本を守ってコツコツ調べることが大ヒットに結びついたと聞くと、「ならば自分もやってみよう」と思わずにいられない。自分も社会問題をえぐる大スクープを取れるかも知れないのだ。報道実務家フォーラムの会場に来ていた記者や編集者の多くが、そんな夢と希望を抱いて元気を出したことを、私は疑わない。

会社や所属の枠を越えて記者が学び合う場として、第4章でアメリカの調査報道記者編集者協会(IRE)大会や、アジア調査報道大会を紹介したが、この報道実務家フォーラムもそれら海外のイベントを意識している。フォーラムは「調査報道」に限定せず、幅広い分野の報道を対象にしているが、記者同士で実務に即し、どうやったらいい仕事ができるかをお互い共有することは全く同じだ。秘密情報源の身元や、本当に機微に触れる経緯まで明かす必要はない。ただ、記者、編集者同士が助け合い、お互いの力を伸ばすのである。

報道実務家フォーラムはその後、主な新聞社、放送局の記者を招き、特ダネや反響を呼んだ企画など、優れた報道の内幕を話してもらう場として続いている。このほかにも各社の現場記者が運営する「調査報道セミナー」や、日本でも生まれてきたNPO報道団体が主催する「ジャーナリズム・フェスタ」が開催され、記者や編集者が集まって学んでいる。研究者らによるメディア批評型の会合とは別に、近年、実務を主眼にしたこうした催しが活発化してきたことは大きな変化だ。そしてまずはこうした「学び」の場から、日本でも会社の垣根を越えた記者同士の協力が実現しつつある。

一方、第3章で紹介した調査報道NPOの動きも、日本国内にゆっくりではあるが出ている。大阪市に事務所を置く「アイ・アジア」は「調査報道のための非営利団体」を掲げた報道NPOだ。寄付金で運営され、ウェブサイト上で記事を発表するネットメディアで、政治家の政治資金収支報告書を分析し、献金や支出の問題点を知らせる報道を得意としている。二〇一六年には、沖縄北方担当相で参議院議員の島尻安伊子が受け取った政治献金の問題を提起した。政治献金を、国や自治体の補助金を得ている団体からもらうことは違法となる。補助金という公金が政治資金に流れることになるし、献金した見返りに補助金を出すような政治腐敗を招きかねないからだ。島尻は一三年に三〇〇万円の献金を親族経営企業「JSLインターナショナル」から受け取っているのだが、この会社は文部科学省と関係の深い独立行政法人「日本学生支援機構」から補助金を受けている。日本学生支援機構でなく、文部科学省から直接の補助金だったら明白な違法だが、日本学生支援機構からなら形式上は合法だ。だが、同機構は政府機関にも通じる公共性があり、国の補助金がかなり投入されてもいるから、これは実質的には国から補助金をもらっている会社からの献金と変わらないのではないか、という問題提起である。アイ・アジアの報道後、国会で取り上げられ、地元の新聞や週刊誌も報道した。

アイ・アジアによる調査報道活動に端を発し、公益財団法人「政治資金センター」（大阪市）も発足した。政治資金収支報告書を誰でも見られるよう、ウェブサイトを通じて公開する活動に取り組む。公共資料とはいえ、こうした報告書を実際に官庁を通じて取得するには手間も費用もかかるから、調査報道記者も、政治資金に関心がある市民も活用し切れていないのが現状だ。閲覧期間は三年に限定されている。そこで、民間の力でより広く保存・公開し、市民の監視に供するとともに、共有の取材資料としても使えるようにする試みだ。

未来に向けた課題

アメリカやヨーロッパのジャーナリズムにあって日本に少ない――だから今後の大切な課題になりそうなのが、ジャーナリズムの賞だ。英語で読む記者のプロフィールはしばしば受賞歴に触れている。ピュリツァー賞のような天下にとどろく賞だけではなく、日本の記者が聞いたことのないようなものがむしろ大半だ。アメリカ新聞業界誌のエディター・アンド・パブリッシャーによる二〇一〇年版の賞リストには、大小合わせ約三〇〇のジャーナリズム賞が掲載されている。大学やメディア業界団体、各地のＮＰＯなどがこぞってジャーナリズムの賞を出し、良い報道を賞賛しているのである。環境報道、教育報道、性的少数者に関する報道、トラウマ報道、データジャーナリズムなど分野別の賞も多彩にある。報道倫理の実践や、ヒューマンな記事の報道を讃える賞もある。全国規模の賞も、地域独自の賞もある。日本にも新聞協会賞や日本民間放送連盟賞などがあるが、賞の数もバラエティも次元が違う印象だ。

こうした賞の機能は、単に良い報道をした記者の賞賛にとどまらない。良い報道を社会全体に知らせ、他の記者が学ぶ材料が生まれる。その報道が会社内ではあまり注目されていなかったとしても、社外の賞がその記者を勇気づけるし、会社の声価も高めるから雇用者としても誇りとなる。何より良い報道をしようという動機付けを多くの記者に与える。「記者はもっと頑張れ」と言うだけでなく、本当に頑張れば報いられる仕組みが用意されているわけで、いわばジャーナリズム批評における「北風と太陽」のようなものかも知れない。日本でもすぐ実行できそうなアイデアだ。

日本のジャーナリズムの未来に必要なもう一つの課題だ、情報公開の改善であることは既に述べた通りだ。現在の情報公開法をより強化することや、個人情報の過剰な保護を見直すこと、裁判の公開を真に実現する訴訟記録の公開を徹底することなどだ。特に、冤罪を訴えたり、刑事手続きや裁判を検証したりすることが犯罪となってしまう刑事訴訟法「目的外使用の禁止」条項は裁判制度の秘密化と、言論の深刻な抑圧という二つを兼ね備えた圧迫法制というほかない。

だが、これらにより公開されるのが自分の情報だったら……。公文書に載っている自分の名前も情報公開で明らかになると聞けば誰だって不安になる。自分が裁判に関わったり、証人として出廷して話したりしたことが公開されるのは迷惑なことである。自分と自分の情報が守られてほしい、とも思う。

その点について、裁判の検証や冤罪の取材に取り組んできたジャーナリスト江川紹子はこう話す。

「それは分かる。喜んで裁判所に来る人はいない、報道されるのも嫌だと思う。でも、そういう個人にとって嫌なことと、裁判を公開しないことによる社会や公共のマイナスと、その両方を考えなければならない。社会の一員としての責務といえばいいのか、社会の仕組みの中で、嫌でも受け入れなければならないことだと思う。場合によっては、報道するときには名前は出さないでほしいと希望する権利はあると思う。だけど、裁判の公開そのものを損なうことはあってはならない」

実際、民主主義の大前提として、市民は公共の一員である。英語の新聞では「通行人が発見して警察に通報した」というときの「通行人」のことを「メンバー・オブ・ザ・パブリック」と書くことがよくある。パブリックとはお上のことではない。ピープルとも関連が深い単語で、市民みんなのことだ。だから「公開の」の意味もある。「パブリックに尽くすため、政府に立ち向かう」という言い方は何ら不思議ではない。パブリックの一員であるなら、社会のため一肌脱ぐこともある。となると、参加や自治に基づく民主主義の発想と関係が深い。

一方、日本語では公共の「公」、おおやけとは「①天皇。皇后。中宮②朝廷。政府。官庁。官事……」(『広辞苑』)である。市民が自分たちのことを「公」とは思いにくいわけである。「公」でないなら統治には携わるような立場でもない。その代わり、多くの人に注目されたり意見を求められたりする負担もないということになりそうだ。これでは市民はただ統治される立場である。

パブリックとは日本では「しもじも」になってしまうのかも知れない。英語では報道して公表することを「パブリック・レコード(みんなの記録)にする」と表現することがある。情報を公開することを「パブリック・スクルーティニー(みんなの検証、大衆的・社会的な吟味)のもとに置く」と表現することもある。日本語だとこれらは「晒し」とさえ言われる。「しもじも」の視線がもっぱら下卑た興味に基づく有害なものなら、情報をエリートが抑制することが要請される。それが「報道被害」や社会の混乱を防ぐ日本式の策なのだろうか。

刑事弁護専門の弁護士で、容疑者や被告人の権利を訴え続けてきた高野隆はこうした風潮に危機感を持っている。

「〝プライバシー権〟の無闇な拡張によって、表現の自由が窒息させられている。裁判の記録は公的記録の典型で、犯罪に関する事柄は公的な関心の当然の対象だ。だが〝プライバシー権〟を理由に、意味のある情報は全て捜査機関に集中し独占されている。国家は全ての個人を見ることができるが、個人同士はお互いに何も見えない」

高野は「犯罪報道は全て実名で行われるべきだ」と訴える。それが社会の正義にかなうと説き、私にこう言う。

「刑事事件は歴史の記録、社会の記録だ。オウム真理教関連で高橋さん（元教団信者の高橋克也）の弁護人をし、七〇〇〇点にのぼる捜査資料を持っている。これが全く（社会で）活用されていない。だからといって、ネットにこれを掲載すれば私は目的外使用で犯罪者になる。研究者にとってはすごく大事な資料で、あるいはこれをもとに本を書くということは日本人にとってすごく重要なものになる。それができない。一つの重要事件について、国民的な議論がされない。海外なら、こういう事件は（裁判記録とそれに含まれる捜査資料のような）一次資料に基づいて誰かが本に書く。それが日本では一切許されない」

一九五五年、アメリカのアラバマ州モンゴメリーでバスに乗っていた黒人女性のローザ・パークスは、白人に席を譲るよう運転士のジェイムズ・ブレイクから求められたが拒み、逮捕された。日本なら、政治性の高い公安事件として、容疑者の不利益を減らすため報道機関に匿名で報じるよう求める声も上がりそうだ。アメリカでパークスの名は伏せられることなく、彼女は英雄となり、連帯の議論と運動がおこり、ついに差別ルールは撤廃された。アメリカ政府の教育ウェブサイトにはパークスの逮捕時の写真や逮捕手続書、実況見分調書が掲載され、闘った市民の歴史を伝えている。隠すことと明らかにすることの間にあるもの——それは市民が「出る杭」を叩かずむしろ誇りに思う力であり、そんな市民の力と良心を信じる意志である。

これは、市民一人一人が社会の中心に立ち、発言し、行動する民主主義であるために、なくてはならない価値観である。その意味においてこそ、民主主義が深く根付いているかどうかを、情報の開示の度合いは示す。

逆に情報の開示や自由な流通がはばかられ、公開情報が乏しい環境であればあるほど、記者は調査報道をしづらく、代わりに情報を持つ権力機関や、その中の特定の情報源の厚意と信頼関係に期待する取材の比率を高めることになる。こうした取材もむろん常に必要で、それによって得られるものも大変大きい一方、英語圏で「アクセス・ジャーナリズム」と呼ばれるこの手法には、情報源との人間関係に足をすくわれかねない落とし穴もあり、バランスが重要になる。アメリカの調査報道が、情報開示の拡大と並行して発展してきた歴史は偶然とはいえまい。日本でも、公共情報の開示と、情報の自由な流れという概念が社会全体でより尊重されていく進化を期待したい。

おわりに

警察回りの事件取材も、政府や大企業の問題をえぐる大型報道も、記者の仕事は日々「情報をどう得るか」の闘いであり、その多くは挫折と落胆に終わる。そんなとき、ふと思う。海外の調査報道記者たちはどうやっているのだろう。どんな手を使って取材するのだろうか。どこまで詳しく、生々しく書くのだろうか。取材や報道に対する社会の理解と支持はどれくらい得られているのだろうか。

国境を越えた刺激や競争が多くの産業も学問も発展させてきたように、ジャーナリズムもまた、そんな国際的な比較と応用が役に立つと思う。これほど通信網と輸送網が発達し、情報も人も行き来がしやすくなった時代である。他国の記者のやり方を学ばない手はない。そんなことから外国のジャーナリズムに関心を持ち、時には実地調査をするようになったのは二〇〇〇年を過ぎたころ、インターネットが急速に高速化して世界各地の新聞が簡単に読めるようになったころからである。

他国の記者の経験談に、大いに共感しうなずくことは少なくない。一方で「そんなやり方が許されるのか」という驚きもある。それぐらい獰猛にやるから、情報公開も進むところがあるのかも知れないとさえ思う。日本のジャーナリズムは、イギリス高級紙ガーディアンが二〇一五年七月に発表した社説の言葉を借りれば、「礼儀正しい」のだという。同紙は、礼儀正しさは権力追及の手をゆるめることにもなるのではないかと懸念しているのだが。

そんな現場記者の目線で、海外の仲間を取材してまとめたのが本書である。日本の記者を自ら論じることはできないし、評論する立場でもない。だが遠い国の記者の言葉から、世界的なジャーナリズムの空気感が伝わり、その中で日本のジャーナリズムの環境と課題を浮かび上がらせる材料にしていただけるなら幸甚である。

全てが地球規模となる時代、国際比較は今後さらに活発になり、日本と各国のジャーナリズムに面白い刺激を提供することになろう。そして、現場での記者や編集者の国際交流はそれをさらに発展させるはずだ。

たとえば本書で紹介したアメリカの調査報道記者編集者協会(IRE)や、世界調査報道ネットワーク(GIJN)アジア大会に参加すると、本書で紹介したように取材のテクニックや知識を得るだけでなく、人脈も広がる。拙い英語でも一生懸命話せば皆紳士的に耳を傾けてくれる。

国は違っても同じ仕事、苦労のポイントも似たようなものだから、話は通じる。ときどき日本に興味津々の人もいてくれて、何となく嬉しくなったりもする。

大会の夜に開かれるレセプション、さらに食事をしたり飲みに行ったりの機会では、第4章で述べたように仲良くなるだけでなく、取材で助け合う人間関係にもなる。食事の席でも「俺は軍事輸出入の分野を特に調べてきたんだ。日本関係でも気になることがあると思う。今後はそういうとき、よろしく頼む」と名刺をくれる熱心な記者もいて、学ばねばと思う。

こうした各国記者たちの場につながるには結局、飛び込んでみるしかない。問題は語学である。私自身、三〇代半ばまでろくに英語を使えなかった。その年代になってなぜか急に興味を感じ、英語の勉強を見よう見まねで始めたのだった。

模範的な英語学習者からはほど遠く、いまだ修業中の身ではある。それでも教訓を打ち明けるなら、英会話スクールのような会話中心の語学練習も有効で励みになる一方、それだけに頼ると上達は遅いということだ。会話の実践はスポーツでいえば練習試合である。楽しく、学ぶものも大きいが、力を付けるには筋トレや基礎練習が必要なように、単語力の増強や読解、それも量読が確実に上達の速度を上げる。さらに、長い英文記事やスピーチ全文を暗記、暗唱することは非常に力が付くと感じるが、これはいかにもスパルタで相当な苦痛が伴い、私はあまりできなかった。精神力のある人は挑戦する価値があると思う。語学はすぐには身につかず、「思えば遠くに来たもんだ」と言える日を夢見て長期持続することが最大の鍵だろう。

もっとも、急速に進歩するデジタル技術はこうした言語の壁さえも、国境の壁と同様に崩してしまうことを予感させる。既に無料のグーグル翻訳だけでかなりの外国語文章が読め、その翻訳精度は日に日に高まっている。人と人の友達関係、リアルコミュニケーションに適するかはさておき、インターネットを介した自動翻訳の技術は海外の調査報道をはじめ、世界の多様な記事を、日本メディアの記事と同じように読める日を到来させるかも知れない。

日本の記者にとっては、各国の報道文化を貪欲に吸収し、より強くなるチャンスといえるし、読者にとっても研究者にとっても、海外ジャーナリズムの実相を知りやすくなる。時折耳にする「海外ではオフレコ懇談はない」「欧米の記者はコーヒー一杯もご馳走にならない」など、私の経験からは必ずしも正しいと思えない「和式メディア批評」「海外ジャーナリズムの神話」は次第に淘汰され、議論の質は向上するだろう。同時に各国の情報開示制度や取材環境と比べることが容易になり、これまで述べてきた「日本の壁」も一層はっきりし、個人情報やプライバシーの保護に名を借りた政府の情報独占を改善する機会にもなるはずだ。

そうして報道はもっと面白く、もっと意義深くなり、日本のジャーナリズムが世界中の情報公開と調査報道の先駆者となって飛躍していく夢を私は持っている。そんなとき、国境を越えてつながりあう記者同士の友情と連帯がますます大きな意義を持つだろう。

人と情報が国境を越え、時代はもう逆行しない。ジャーナリズムのグローバル化は加速する。記者は国境を越えて連帯し、取材と報道を通じて、世界の民主主義と市民の自由によりいっそう貢献する。

本書を書くにあたっては、共同通信の上司、先輩方や同僚諸兄姉に深い理解を賜るとともに、非常な励ましをいただいた。心から御礼を申し上げたい。また、国際調査報道ジャーナリスト連合（ＩＣＩＪ）、世界調査報道ネットワーク（ＧＩＪＮ）、調査報道記者編集者協会（ＩＲＥ）の方々、取材に応じてくださった各国と日本の記者、メディア関係者をはじめ多くの方々、そして本企画を提案され、忍耐強く助言と激励を続けてくださった岩波書店の上田麻里さんに深く感謝を申し上げる次第である。

二〇一七年二月

澤　康臣

参考文献

浅野健一(1984)『犯罪報道の犯罪』学陽書房
梓澤和幸(2007)『報道被害』岩波新書
シッラ・アレッチ(2017)『報じられなかったパナマ文書の内幕』双葉社
石塚伸一(1997)「死刑事件に関する刑事確定訴訟記録の閲覧」『北九州市立大学法政論集』1997年3月号，北九州市立大学法学部
右崎正博，多賀谷一照，田島泰彦，三宅弘編(2013)『別冊法学セミナー　新基本法コンメンタール　情報公開法・個人情報保護法・公文書管理法』日本評論社
ボブ・ウッドワード，カール・バーンスタイン(2005)『大統領の陰謀』(常盤新平訳)文春文庫
NHKプロジェクトX制作班編(2005)『プロジェクトX　挑戦者たち26　復興の懸け橋』日本放送出版協会
NTTドコモ10年史編纂事務局編(2002)『NTTドコモ10年史　モバイル・フロンティアへの挑戦』NTTドコモ
エルヴェ・ファルチャーニ，アンジェロ・ミンクッツィ(2015)『世界の権力者が寵愛した銀行　タックスヘイブンの秘密を暴露した行員の告白』(芝田高太郎訳)講談社
大治朋子(2013)『アメリカ・メディア・ウォーズ』講談社現代新書
岡村久道(2016)『個人情報保護法の知識〈第3版〉』日本経済新聞出版社
押切謙徳，古江頼隆，皆川正文(1988)『注釈　刑事確定訴訟記録法』ぎょうせい
バスティアン・オーバーマイヤー，フレデリック・オーバーマイヤー(2016)『パナマ文書』(姫田多佳子訳)KADOKAWA
勝丸充啓(1999)「刑事確定訴訟記録法の運用状況等について」『刑法雑誌』1999年4月号，日本刑法学会，有斐閣
上林陽治(1989)「NAMIBIA NOW」『反アパルトヘイトニュース

レター』アフリカ行動委員会，1989年10月
澤康臣(2010)『英国式事件報道　なぜ実名にこだわるのか』文藝春秋
柴田厚(2015)「アメリカの非営利ニュースメディアに見るジャーナリズムの新しい道——CIR代表R. ローゼンタール氏インタビューから」『放送研究と調査』2015年3月
鈴木伸元(2010)『新聞消滅大国アメリカ』幻冬舎新書
ダニエル・J・ソローヴ(2013)『プライバシーの新理論　概念と法の再考』(大谷卓史訳)みすず書房
総務省(2014)『平成26年版　情報通信白書』
中村泰次，弘中惇一郎，飯田正剛，坂井眞，山田健太(1994)『刑事裁判と知る権利』三省堂
日本記者クラブ(2009)『日本記者クラブ研究会「世界の新聞・メディア」第3回　新しい調査報道の生態系：チャールズ・ルイス　アメリカン大学「調査報道ワークショップ」担当教授』
日本弁護士連合会(2014)「人権のための行動宣言2014」
日本弁護士連合会人権擁護委員会編(2000)『人権と報道—報道のあるべき姿をもとめて』明石書店
樋口範雄(2013)『はじめてのアメリカ法　補訂版』有斐閣
福島至(2013)「刑事確定訴訟記録法に基づく判決書の閲覧請求を不許可とした保管検察官の処分が同法4条2項4号及び5号の解釈適用を誤っているとされた事例」『刑事法ジャーナル』2013年Vol. 36，成文堂
福島至編著(1999)『コンメンタール刑事確定訴訟記録法』(龍谷大学社会科学研究所叢書第36巻)現代人文社

Berry, Stephen J. (2009) *Watchdog Journalism: The Art of Investigative Reporting*, Oxford University Press
British Broadcasting Corporation (2010) *Editorial Guidelines: The BBC's Values and Standards*
Cribb, Robert, et al. (2011) *Digging Deeper: A Canadian Reporter's Research Guide* (2nd Edition), Don Mills, Oxford University Press
Downie, Leonard, Jr. (2016) "Four Decades of Collaboration: IRE De-

velops as Investigative Reporting Advances", *The IRE Journal*, Second Quarter 2015, Investigative Reporters and Editors

Houston, Brant and Investigative Reporters and Editors, Inc. (2009) *The Investigative Reporter's Handbook: A Guide to Documents, Databases and Techniques* (5th Edition), St. Martin's Press

Kamarck, Elaine C. and Gabriele, Ashley (2015) *The news today: 7 trends in old and new media*, Center for Effective Public Management, The Brookings Institution

Kovach, Bill and Rosenstiel, Tom (2014) *The Elements of Journalism: What Newspeople Should Know and the Public Should Expect* (3rd Edition), Three Rivers Press

Mitchell, Amy and Holcomb, Jesse (2016) *State of the News Media 2016*, Pew Research Center

Patterson, Philip and Wilkins, Lee (2014) *Media Ethics: Issues and Cases* (8th Edition), McGraw-Hill

Sloyan, Patrick J. (1998) "Total Domination", *American Journalism Review*, May 1998. http://www.ajr.org/article.asp?id=1672

Smith, Ron F. (2003) *Groping for Ethics in Journalism* (5th Edition), Blackwell Publishing

Vives, Ruben (2016) "The Big Paper That Could Have, and the Little Paper That Did: How a Small Weekly Discovered the Political Scandal That Rocked Oregon", *Columbia Journalism Review*, Spring 2016, The Columbia University Graduate School of Journalism

Weinberg, Steve (1996) *The Reporter's Handbook: An Investigator's Guide to Documents and Techniques* (3rd Edition), St. Martin's Press

澤 康臣

1966年岡山市生まれ.
東京大学文学部卒業後, 1990年共同通信記者.
社会部, 外信部, NY支局などを経て2014年5月から特別報道室で調査報道や深掘りニュースを担当する. NYでは「国連記者会」理事に選出. 2006-07年, 英オックスフォード大学ロイタージャーナリズム研究所客員研究員.
著書―『英国式事件報道 なぜ実名にこだわるのか』(文藝春秋, 2010年)
『世界の裁判員 14か国イラスト法廷ガイド』(共著, 日本評論社, 2009年)

グローバル・ジャーナリズム
――国際スクープの舞台裏　　岩波新書(新赤版)1653

2017年3月22日 第1刷発行

著 者 澤《さわ》 康《やす》臣《おみ》

発行者 岡本 厚

発行所 株式会社 岩波書店
〒101-8002 東京都千代田区一ツ橋2-5-5
案内 03-5210-4000 営業部 03-5210-4111
http://www.iwanami.co.jp/

新書編集部 03-5210-4054
http://www.iwanamishinsho.com/

印刷・理想社 カバー・半七印刷 製本・中永製本

ISBN 978-4-00-431653-4　　Printed in Japan

岩波新書新赤版一〇〇〇点に際して

ひとつの時代が終わったと言われて久しい。だが、その先にいかなる時代を展望するのか、私たちはその輪郭すら描きえていない。二〇世紀から持ち越した課題の多くは、未だ解決の緒を見つけることのできないままであり、二一世紀が新たに招きよせた問題も少なくない。グローバル資本主義の浸透、憎悪の連鎖、暴力の応酬――世界は混沌として深い不安の只中にある。

現代社会においては変化が常態となり、速さと新しさに絶対的な価値が与えられた。消費社会の深化と情報技術の革命は、種々の境界を無くし、人々の生活やコミュニケーションの様式を根底から変容させてきた。ライフスタイルは多様化し、一面では個人の生き方をそれぞれが選びとる時代が始まっている。同時に、新たな格差が生まれ、様々な次元での亀裂や分断が深まっている。社会や歴史に対する意識が揺らぎ、普遍的な理念に対する根本的な懐疑や、現実を変えることへの無力感がひそかに根を張りつつある。そして生きることに誰もが困難を覚える時代が到来している。

しかし、日常生活のそれぞれの場で、自由と民主主義を獲得し実践することを通じて、私たち自身がそうした閉塞を乗り超え、希望の時代の幕開けを告げてゆくことは不可能ではあるまい。そのために、いま求められていること――それは、個と個の間で開かれた対話を積み重ねながら、人間らしく生きることの条件について一人ひとりが粘り強く思考することではないか。その営みの糧となるものが、教養に外ならないと私たちは考える。歴史とは何か、よく生きるとはいかなることか、世界そして人間はどこへ向かうべきなのか――こうした根源的な問いとの格闘が、文化と知の厚みを作り出し、個人と社会を支える基盤としての教養となった。まさにそのような教養への道案内こそ、岩波新書が創刊以来、追求してきたことである。

岩波新書は、日中戦争下の一九三八年一一月に赤版として創刊された。創刊の辞は、道義の精神に則らない日本の行動を憂慮し、批判的精神と良心的行動の欠如を戒めつつ、現代人の現代的教養を刊行の目的とする、と謳っている。以後、青版、黄版、新赤版と装いを改めながら、合計二五〇〇点余りを世に問うてきた。そして、いままた新赤版が一〇〇〇点を迎えたのを機に、人間の理性と良心への信頼を再確認し、それに裏打ちされた文化を培っていく決意を込めて、新しい装丁のもとに再出発したいと思う。一冊一冊から吹き出す新風が一人でも多くの読者の許に届くこと、そして希望ある時代への想像力を豊かにかき立てることを切に願う。

（二〇〇六年四月）